本书系国家社科基金重点项目“中国传统科学技术思想通史”（15AZD038）的阶段性成果
本书由教育部省属高校人文社科重点研究基地——河北大学宋史研究中心基地建设经费
河北大学历史学强势特色学科建设经费
河北大学中国史学科“双一流”建设经费资助出版

中国传统经济数学要籍解题

吕变庭　马晴晴　吴常富／著

科学出版社
北京

内 容 简 介

中国传统经济数学是一个较新的研究领域，大多数读者对它还比较陌生，本书以《中国科学技术典籍通汇·数学卷》为主要依据，对中国现存的40种传统数学典籍中的经济数学问题，即农业经济数学、手工业经济数学、工程经济数学、财政经济数学、金融经济数学、贸易经济数学及军事经济数学 7 个部分进行了简要介绍，以期管窥中国传统经济数学发展历史的基本面貌，从而对中国传统经济数学这门学科有一个粗浅，但又较为清晰的认识。

本书可供学习中国经济史与中国科技史的广大师生阅读和参考。

图书在版编目（CIP）数据

中国传统经济数学要籍解题 / 吕变庭，马晴晴，吴常富著. —北京：科学出版社，2018.8

ISBN 978-7-03-058652-0

I. ①中… II. ①吕… ②马… ③吴… III. ①经济数学-中国-题解 IV. ①F224-44

中国版本图书馆 CIP 数据核字（2018）第 197240 号

责任编辑：王 媛 赵云杰 / 责任校对：何艳萍
责任印制：徐晓晨 / 整体设计：黄华斌
联系电话：010-64011837
E-mail：Yangjing@mail.sciencep.com

科 学 出 版 社 出版
北京东黄城根北街 16 号
邮政编码：100717
http://www.sciencep.com

北京虎彩文化传播有限公司 印刷
科学出版社发行 各地新华书店经销
*
2018 年 8 月第 一 版 开本：720×1000 1/16
2019 年 6 月第二次印刷 印张：10
字数：157 000

定价：79.00 元

（如有印装质量问题，我社负责调换）

前言

经济数学是一门经济学和数学相互交叉的新学科，它的基本内涵是研究数学在经济学中的应用，以及对经济学中提出的各种数学问题进行探究。而中国古代的“经济”概念有其特殊含义，它与古希腊以“家庭管理”为内容的经济概念不同，中国古代的“经济”是指经世济民，即把经济作为以国家的物质生产活动为主体的社会行为，因此中国古代经济的内容不仅包括财政、经济，而且广泛涉及政治、法律、军事和教育等学科领域，所以在古人的观念中，数学应是解决现实生活问题的一种工具。

在国外，英国经济学家威廉·配第爵士在17世纪中叶出版的《政治算术》一书中，首次明确提出用“数字、重量和尺度”来解释经济现象的观点，并从中理出了一些规则和方法。1838年，法国经济学家奥古斯丹·古诺发表了《财富理论的数学原理的研究》，开始用数学模型来解释经济活动，标志着经济数学这门学科的诞生。之后效仿者不断增多，今天经济数学已发展成为一门国际显学。当然，仅从利用数学工具来描述和解释经济现象这个角度分析，经济数学产生与发展的历史确实十分悠久，甚至连威廉·配第的追随者达文南特也承认，威廉·配第只是给这门古老的学问起了个名字。史学界公认，古希腊杰出的历史学家色诺芬就曾借助数学工具来分析市场流通规律，并从中揭示财富增长过程中的各种数量关系，故此，色诺芬的研究工作被视为西方经济数学的肇始。而在我国，人们将数量方法应用于经济管理，起源亦甚早，至少秦汉之际的《算数书》和汉代的《九章算术》就已开先河。日本学者小仓金之助在 1933 年完成了他的博士学位论文《中国数学中度量衡的社会性——在古书中看到的秦汉时代的社会状态》，这是国外学者研究中国古代经济数学的拓荒之作。可惜，自小仓金之助之后，国外的同类研究论著就非常少见了。

敦煌算书在民国时期已经散落到世界各地，而日本学者不仅设法获得了这些珍贵数学史料，并且率先对其中的社会经济内容进行了整理和研究，如石滨纯太郎主编的《敦煌吐鲁番社会经济资料（上、下）》等。

日本学者大川俊隆对《算数书》的研究，成绩比较突出，先后发表了《张家山汉简〈算数书〉“饮漆”解》等论文，其对《算数书》中的经济数学内容作了独特阐释。另外，日本学者马彪对《算数书》中的“方田”内容也颇有心得，已发表《〈算数书〉之“益奭”“与田”考——从〈龙岗秦简〉到〈张家山汉简〉的考察》一文。

我国最早把西方经济数学介绍到国内来的学者是唐庆增，他在 1926 年《科学》杂志上发表了《经济学中之算术学派》一文，在他看来，意大利的西伐应为“用算法讨论经济问题之最早者”。然而，由于当时举国上下大兴西学，传统文化遭到冷落，我国学者直到 20 世纪 60 年代才开始关注对中国古代经济数学的研究，至 20 世纪 80 年代对中国古代经济数学的研究才逐渐进入繁荣发展期。

就当时的学术影响而言，尤以宋杰和李迪两位先生的研究成果为著。其中，宋杰在《北京师院学报（社会科学版）》（1983 年第 2 期）、《自然辩证法通讯》（1984 年第 5 期）及《北京师院学报（社会科学版）》（1987 年第 2 期）连续发表了《〈九章算术〉记载的汉代“程耕”》《〈九章算术〉在社会经济方面的史料价值》《〈九章算术〉所反映的汉代交通状况》3 篇论文，在国内学界产生了巨大反响。李迪则在吴文俊院士主编的《秦九韶与〈数书九章〉》一书中发表了《〈数书九章〉中的统计资料》《〈数书九章〉与南宋社会经济》2 篇论文。宋杰在前面研究成果的基础上出版了《〈九章算术〉与汉代社会经济》一书，这是中国古代经济数学史领域的第一部学术专著。此后，为了加快中国经济数学史的研究步伐，以与我国正在勃兴的计量经济学发展局面相适应，许多书刊都开始积极推出有关中国经济数学史方面的研究成果，其代表作有：李孝林的《〈九章算术〉经济问题再探索》及《张家山汉简〈算数书〉经济史料价值探索》、王子今的《〈九章算术〉汉代交通史料研究》、曾雄生的《〈数书九章〉与农学》、金虎俊的《〈九章算术〉和〈谢察微算经〉中的经济数学问题在朝鲜半岛的传播》、吕兴焕的《〈数书九章〉与南宋社会经济》、叶玉英的《论张家山汉简〈算数书〉的经济史料价值》、刘艳的《张家山汉简〈算数书〉所见社会经济生活问题考察》等。可以说，以上成果从不同角度对《算数书》《九章算术》《谢察微算经》《杨辉算法》《数书九章》中的经济数学问题进行了独创性的探索，阐述了不少富有启发性的观点，基本上能够反映我国经济数学史的研究现状和学术水平。尤其是经过几十年的积累和发展，目前我国已经形成了初具规模和各具特色的经济数学史研究。

笔者分了七个主要学术领域对经济数学史研究状况略加梳理，即军事经济数学史、农业经济数学史、金融经济数学史、贸易经济数学史、财政经济数学史、手工业经济数学史、工程经济数学史。当然，有些学术论著不是分门别类地去研究中国古代经济数学发展的历史，而是用整体思维来把握每部数学典籍的经济学价值。如前揭叶玉英《论张家山汉简〈算数书〉的经济史料价值》一文结合其他材料讨论了《算数书》中物价、关税、合资、利息、亩产与地租等社会经济问题。

综合学界已有的研究成果，我们不难看出，学界同仁从不同角度和侧面阐释了《算数书》《九章算术》《五曹算经》等数学典籍中有关社会经济的丰富内容。裒合诸家，述以己见，这些成果不仅有他们对中国经济数学史诸多应用成果的经验总结，更有他们对中国经济数学史研究本身所存在“缺陷”的批评和反思。所以，无论是广度还是深度，前人成果在研究视野、史料挖掘、思维向度、知识集约等方面都有新的拓展和创获，并为后人站在更高层面去研究中国经济数学史奠定了坚实的理论基础。

当然，本书仅仅是对专业数学典籍中经济数学问题的梳理，至于非严格意义上的数学典籍中的经济数学问题，本书暂不列入。由于各种原因，书中难免存在不足和疏漏之处，敬请读者批评指正。

吕变庭

2018年7月15日

目　录

前言		i
一	张家山汉简《算数书》	001
二	刘徽注《九章算术》	005
三	《海岛算经》	008
四	《孙子算经》	012
五	《张丘建算经》	015
六	《五曹算经》	018
七	《缉古算经》	020
八	《夏侯阳算经》	024
九	《梦溪笔谈》	026
十	《河防通议》	031
十一	《数书九章》	034
十二	《测圆海镜》	038
十三	《益古演段》	041
十四	《杨辉算法》	044
十五	《算学启蒙》	048
十六	《四元玉鉴》	051
十七	《透帘细草》	054

十八 《丁巨算法》 056
十九 《算法全能集》 058
二十 《详明算法》 060
二十一 《永乐大典算法》 062
二十二 《诸家算法及序记》 064
二十三 《九章算法比类大全》 066
二十四 《算学宝鉴》 071
二十五 《勾股算术》 075
二十六 《弧矢算术》 077
二十七 《盘珠算法》 079
二十八 《数学通轨》 081
二十九 《算法统宗》 083
三十 《算法指南》 086
三十一 《天下郡国利病书》 089
三十二 《数理精蕴》 093
三十三 《同文算指》 096
三十四 《欧逻巴西镜录》 099
三十五 《方程论》 101
三十六 《缉古算经考注》 103
三十七 《九章算术细草图说》 105
三十八 《艺游录》 107
三十九 《求一术通解》 109
四十 《四元玉鉴细草》 113
附录 算题分类 116

一　张家山汉简《算数书》

1983 年，湖北张家山三座西汉古墓出土了大批竹简，主要包括《二年律令》《奏谳书》《算数书》《脉书》《引书》《盖庐》《历谱》《遣策》等 8 种古文献资料。其中《算数书》现存竹简 190 枚，简长 29.6 至 30.2 厘米，宽 6 至 7 毫米，3 道编绳，约 7000 字，用墨书写在每枚竹简正面两竹节之间，首尾分为 68 个段落，每个段落有一个小标题，计有 69 道算题，题名之下一般有例题、答案和术，大多属于具体的经济生活问题，详见表 1，而大部分算题的形成年代当在秦代，甚至更早。该书原本有书题，其“算数书”三字就抄写在书首第 6 简的简背，其年代当在公元前 186 年之前。

表 1　《算数书》中的问题分类①

算题性质	涉及内容	《算数书》算题
分数的四则运算	分数的四则运算，大整数的乘法	相乘，分乘，乘，增减分，分当半者，分半者，约分，合分，径分
一般经济生活	金重，出资比例，金价，铸铜，箭，漆，盐，金钱，米	出金，共买材，金贾，铜秏，羽矢，桼钱，贾盐，分钱，米出钱
税收计算	关税	狐出关，狐皮，负米
	田租计算及修正	税田，取程，秏租，误券，租吴券
	麻田租税	取枲程
	多种谷物田租分配	并租
农田管理	田地广、从计算	启广，启从
	田地面积计算	少广，大广，方田，里田

① 吴朝阳：《张家山汉简〈算数书〉校证及相关研究》，南京：江苏人民出版社，2014 年，第 221—222 页。

续表

算题性质	涉及内容	《算数书》算题
田税收取、官禀发放	谷物换算	程禾，稗毁，粟为米，粟求米，粟求米，米求粟
	换算公式应用	米粟并，粟米并
制造业管理	制炭	负炭
	竹编	卢唐
	造箭	羽矢
	食品制造	挐脂
	竹简制造	程竹
	禀漆差额计算	饮桼
工程管理	土方工程体积	除，斩都，刍，睘亭，并材
	谷堆体积	旋粟，囷盖
	方形木材加工	以睘材方，以方材睘
	木材直径测算	睘材
其他管理	官禀差额计算	舂粟
	传马饲料分配	传马
	超幅宽布帛价值计算	缯幅
	借贷利息计算	息钱
	医生考核	医
	单位换算	石率，丝练
	谷物损耗	秏
	行程计算	行
趣味数学题	纺织	女织，妇织

《算数书》比《九章算术》要早至少 150 年，然据表 1 二者间相似的内容较多，故存在着明显的继承关系，且都具有明显的重经济和尚实用的特点，遂成为引领中国传统经济数学向前发展的航标。不过，从体例上看，《算数书》的分类远没有《九章算术》那样系统和完整。

由于数学是古代官吏必备的行政计算能力，所以《算数书》中涉及的经济管理数学问题就比较多，而每道算题基本上都是按照“题—答—术”的模式，主要是方便各地基层官吏的学习和应用。下面是《算数书》中有关比例的实际应用算题。

第 11 题：共同买木材（共买材）。

第 12 题：狐皮等出关的关税（狐出关）。

第 13 题：与第 12 题相类似（狐皮）。

第 14 题：四个或更多的数依次成比例地计算关税（负米）。

第 15 题：妇女的织布量（女织）。

第 16 题：合并一起计算租金（并租）。

第 17 题：黄金价钱（金价）。

第 18 题：舂粟米的损耗量（舂粟）。

第 19 题：铸铜时的损耗量（铜秏）。

第 20 题：驿站用马匹的刍料供应（传马）。

第 21 题：三妇女织布（妇织）。

第 22 题：给箭竿尾部装羽毛（羽矢）。

第 23 题：买漆的钱（桼钱）。

第 24 题：缯布幅宽（缯幅）。

第 25 题：利息钱（息钱）。

第 26 题：向盛储生漆的容器里注水（饮桼）。

第 27 题：田地租税（税田）。

第 28 题：用竹子量计的标准数值（程竹）。

第 29 题：医生考核（医）。

第 30 题：用石来运算（石率）。

第 31 题：售盐（贾盐）。

第 32 题：清水煮沸脱去丝胶的熟丝（丝练）。

第 33 题：揉制米糕（挐脂）。

第 34 题：运输距离（取程）。

第 35 题：稻禾的湿种折算成干种或损耗的计算（秏租）。

第 36 题：粮食互换比例的规定（程禾）。

第 37 题：粗麻的湿种折算成干种或损耗的计算（取枲程）。

第 38 题：租券所列租数与应收数有误（误券）。

第 39 题：因租券误书而引出的计算（租吴券）。

第 40 题：两种精细程度不同的米（稗毁）。

第 41 题：损耗（秏）。

第 42 题：粟与米的换算（粟为米）。

第 43 题：同第 42 题（粟求米）。

第 44 题：同第 42 题（粟求米）。

第 45 题：米与粟的换算（米求粟）。

第 46 题：两种粮食混合后按照比例应各取若干的换算（米粟并）。

第 47 题：同第 46 题（米粟并）。

第 48 题：背着木炭（负炭）。

由此可见，《算数书》中的比例算题约占全书内容的二分之一，涵盖了现代数学中的所有比例算题，它体现了汉代租税计算的复杂性和普遍性。而儒家把算数作为“六艺”之一，其主要目的就是满足各地基层官吏日常征收赋税的实际需要，这与古希腊的学园式数学研究取向大不相同。因此，有学者评论说：“公元前 3 世纪，柏拉图在雅典建立学派，创办学园。他非常重视数学，但片面强调数学在训练智力方面的作用，而忽视其实用价值。他主张通过几何的学习培养逻辑思维能力，因为几何能给人以强烈的直观印象，将抽象的逻辑规律体现在具体的图形之中。”①

① 高文君编著：《高等数学》，郑州：郑州大学出版社，2006 年，第 40 页。

二 刘徽注《九章算术》

《九章算术》（图 1）是中国古代重要的数学经典，历来被视为算经之首。传本《九章算术》集《九章算术》文本、晋刘徽注、唐初李淳风注释三种内容于一体。该书原分为九卷，分别为《方田》《粟米》《衰分》《少广》《商功》《均输》《盈不足》《方程》《勾股》，其中涉及农业、工程、贸易的算题最多，农业 74 问、工程 39 问、贸易 54 问，财政、手工业涉及较少，分别为 12 问和 8 问，军事仅以一题带过，金融则没有涉及。

《方田》章涉及农业经济问题的算题有 24 问，主要是关于田亩的计算，田亩的类型包括圭田、斜田、圆田、孤田、环田等；涉及贸易经济问题的算题有 2 问，是关于钱币的差额分配。

《粟米》章涉及农业经济问题的算题有 25 问，主要是以粟换米、日常生活的食用等；涉及贸易经济问题的算题有 21 问，主要是以物易物、以钱易物。

《衰分》章涉及农业经济问题的算题有 4 问，其中一问涉及农业赔偿问题，例题为："今有牛、马、羊食人苗。苗主责之粟五斗。羊主曰：'我羊食半马。'马主曰：'我马食半牛。'今欲衰偿之，问各出几何？"[①]涉及贸易经济问题的算题有 7 问，主要是以钱易丝、布等纺织品，田亩收租等；涉及手工业经济问题的算题有 4 问，主要是手工织布、手工制造耗损等；涉及财政经济问题的算题有 5 问，主要是仕人的赏赐、关税等。

---

① （晋）刘徽注，（唐）李淳风注释：《九章算式》卷 3《衰分》，郭书春主编：《中国科学技术典籍通汇 • 数学卷》，郑州：河南教育出版社，1993 年，第一册，第 121 页。

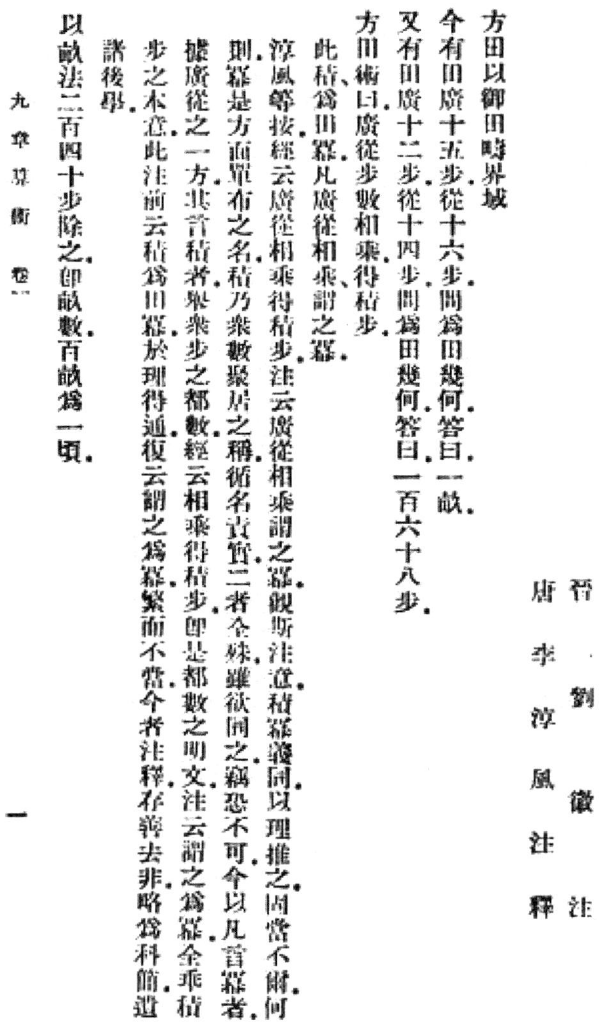

图 1 《九章算术》局部（中华书局，1985 年版）

《少广》章涉及农业经济问题的算题有 11 问，主要是关于田亩的计算。

《商功》章涉及工程经济问题的算题有 31 问，主要是方亭、圆亭、堤坝、城池、堑堵、阳马等建筑、工程的计算。

《均输》章涉及农业经济问题的算题有 1 问，是田地的耕种；涉及手工业经济问题的算题有 1 问，是手工制造；涉及财政经济问题的算题有 7 问，主要是国家雇用工人、关税和普通税收等；涉及贸易经济问题的算题有 6 问，主要是以物易物、以钱易物、钱币的等额分配等；涉及军事经济问题的算题有 1 问，是武器制造。

《盈不足》章涉及手工业经济问题的算题有 1 问，是粮食的加工；涉及贸易经济问题的算题有 12 问，主要是经营盈利、以物易物、以钱易物等。

《方程》章涉及农业经济问题的算题有 9 问，主要是农作物的贮存、农产品的日常食用；涉及工程经济问题的算题有 1 问，是水井的建造；涉及贸易经济问题的算题有 6 问，主要是以钱易物等。

《勾股》章涉及手工业经济问题的算题有 2 问，主要是木材制作；涉及工程经济问题的算题有 7 问，主要是水井的建造、城邑的大小、户高等。

三　《海岛算经》

《海岛算经》[①]（图 2）一卷原为刘徽注《九章算术》的最后一卷，题为《重差》，因第一题是测量海岛的高和远而得名。惜从宋至明，其书“已世无传本”。现存的文本是由戴震从《永乐大典》中辑录出来的九个问题订成的。其第一题“测望海岛”，第二题“测望山上松高”，第三题“南望方邑”，第四题“俯测深谷”，第五题“登山望楼”，第六题“遥望波口”，第七题“下望深渊”，第八题“登山望津”，第九题“登山临邑、测邑广长”。可见，书中九道题全是利用测量来计算高深广远的问题。当然，它们也都间接属于工程测量的应用算题。

例如：

第 1 题：“今有望海岛，立两表，齐高三丈，前后相去千步，令后表与前表参相直。从前表却行一百二十三步，人目着地取望岛峰，与表末参合。从后表却行一百二十七步，人目着地取望岛峰，亦与表末参合。问岛高及去表各几何？答曰：岛高四里五十五步；去表一百二里一百五十步。术曰：以表高乘表间为实；相多为法，除之。所得加表高，即得岛高。求前表去岛远近者：以前表却行乘表间为实；相多为法。除之，得岛去表数。”[②]（图 3）

按：汉代 1 里等于 300 步，1 步等于 6 尺计算，则有

---

① 刘徽注《九章算术》在“缀于勾股之下”附有一卷《重差》，因该卷是对《九章算术》体系的补充，具有一定的独立性，所以唐代李淳风在编的《算经十书》时将其单独成书，并改名为《海岛算经》。

② （晋）刘徽撰，（唐）李淳风注：《海岛算经》，郭书春主编：《中国科学技术典籍通汇·数学卷》，第一册，第 218 页。

$$岛高=\frac{表高\times 表间距}{后表却行-前表却行}+表高=\frac{3丈\times 1000步}{127步-123步}+3丈$$

$$=1255步=4里55步。$$

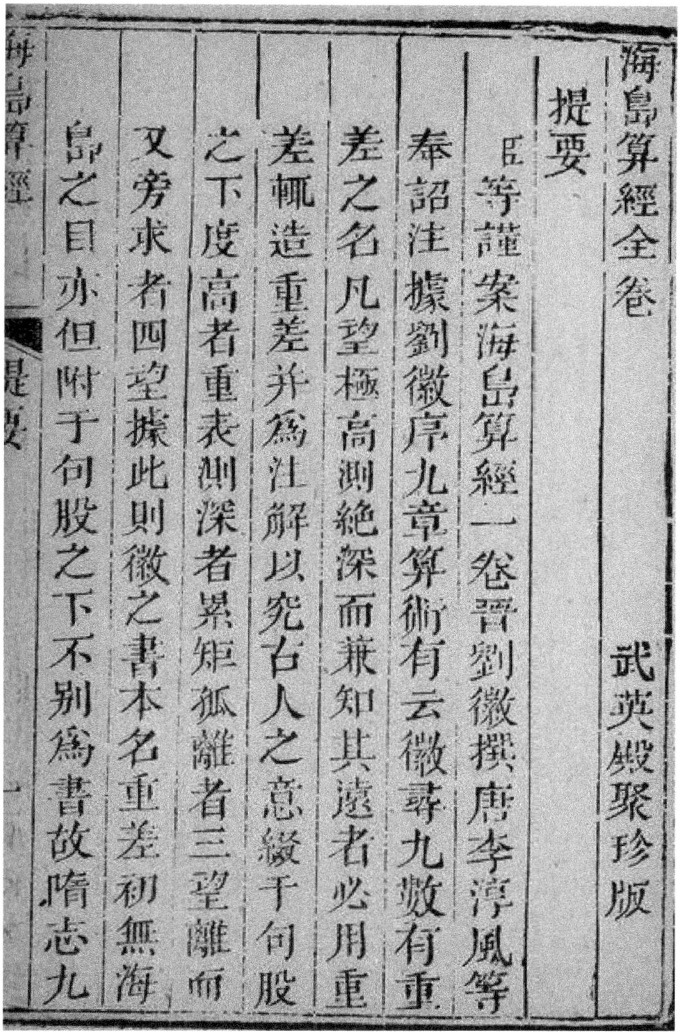
海島算經全卷　武英殿聚珍版
提要
臣等謹案海島算經一卷晉劉徽撰唐李淳風等
奉詔注據劉徽序九章算術有云徽尋九數有重
差之名凡望極高測絕深而兼知其遠者必用重
差輒造重差并爲注解以究古人之意綴于句股
之下度高者重表測深者累矩孤離者三望離而
又旁求者四望據此則徽之書本名重差初無海
島之目亦但附于句股之下不別爲書故隋志九
海島算經　提要　一

图 2　《海岛算经》武英殿聚珍版局部

第 3 题：“今有南望方邑，不知大小。立两表，东西去六丈，齐人目，以索连之。令东表与邑东南隅及东北隅参相直。当东表之北却行五步，遥望邑西北隅，入索东端二丈二尺六寸半。又却北行去表一十三步二尺，遥望邑

图 3 《古今图书集成》望海岛之图

西北隅，适与西表相参合。问邑方及邑去表各几何？答曰：邑方三里四十三步、四分步之三；邑去表四里四十五步。术曰：以入索乘后去表，以两表相去除之，所得为景长；以前去表减之，不尽以为法。置后去表，以前去表减之，余以乘入索为实。实如法而一，得邑方。求去表远近者：置后去表，以景长减之，余以乘前去表为实。实如法而一，得邑去表。”①

根据术文，已知两表相去 60 尺，去前表 $5\text{步}\times 6\text{尺}=30\text{尺}$，入索 22.65 尺，后去表 80 尺，则有

$$\text{景长}=\frac{\text{入索}\times\text{后去表}}{\text{两表相去}}=\frac{22.65\text{ 尺}\times 80\text{ 尺}}{60\text{ 尺}}=30.2\text{ 尺}$$

$$\text{邑方}=\frac{\text{入索}\times(\text{后去表}-\text{前去表})}{\text{景长}-\text{前去表}}=\frac{22.65\text{ 尺}\times 50\text{ 尺}}{30.2\text{ 尺}-30\text{ 尺}}=5662.5\text{ 尺}$$

若化为里，则有

$$\text{邑方}=\frac{5662.5\text{ 尺}}{1800\text{ 尺}}=3\text{ 里}43\frac{3}{4}\text{步}$$

$$\text{邑去表}=\frac{\text{前去表}\times(\text{后去表}-\text{景长})}{\text{景长}-\text{前去表}}=4\text{ 里}45\text{ 步}。$$

① （晋）刘徽撰，（唐）李淳风注：《海岛算经》，郭书春主编：《中国科学技术典籍通汇·数学卷》，第一册，第 219—220 页。

第 5 题："今有登山望楼，楼在平地。偃矩山上，令勾高六尺。从勾端斜望楼足，入下股一丈二尺。又设重矩于上，令其间相去三丈。更从勾端斜望楼足，入上股一丈一尺四寸。又立小表于入股之会，复从勾端斜望楼岑端，入小表八寸。问楼高几何？答曰：八丈。术曰：上、下股相减，余为法；置矩间，以下股乘之，如勾高而一。所得，以入小表乘之，为实。实如法而一，即是楼高。"①

根据术文，已知矩间 300 寸，入下股 120 寸，入上股 114 寸，入小表 8 寸，勾高 60 寸，则有

$$\text{楼高}=\frac{\dfrac{\text{矩间}\times\text{入下股}}{\text{勾高}}\times\text{入小表}}{\text{入下股}-\text{入上股}}=\frac{600\text{寸}\times 8\text{寸}}{6\text{寸}}=800\text{寸}=8\text{丈。}$$

刘徽在《海岛算经·自序》中说："辄造重差，并为注解，以究古人之意，缀于勾股之下。"②文中的"重"是指重复，"差"则是指测量两次太阳影子长度的差。因此，《海岛算经》第一次系统论述了重差法在测量学上的应用，并创建了中国古代测量学发展的数学基础，从这个角度说，"在测量数学领域，中国人的成就，超越西方世界约一千年"③。

① （晋）刘徽撰，（唐）李淳风注：《海岛算经》，郭书春主编：《中国科学技术典籍通汇·数学卷》，第一册，第 220 页。
② （晋）刘徽撰，（唐）李淳风注：《海岛算经》，郭书春主编：《中国科学技术典籍通汇·数学卷》，第一册，第 217 页。
③ 吴文俊主编，白尚恕分主编：《中国数学史大系》第 3 卷《东汉三国》，北京：北京师范大学出版社，1998 年，第 248 页；梁二平、郭湘玮：《中国古代海洋文献导读——古代中国的海洋观》，北京：海洋出版社，2012 年，第 31 页。

四　《孙子算经》

《孙子算经》三卷，作者和编纂年代不详。清初，朱彝尊《孙子算经跋》疑它出于战国初期写《孙子兵法》的孙武，传本《孙子算经》是后人改写和附加所成，今有南宋刻本存于上海图书馆（图 4）。《孙子算经》卷中和卷下所选的应用问题都切于民生日用，解题方法已浅近易晓，但也有不结合实际的解题方法。例如，卷下第十七题求九年共耗仓米，第二十二题求鹑、鷃数。又如卷下最后一题，推算孕妇所生男女，尤属荒诞。卷下又选取几个比较难解的算题，目的在于提高读者的兴趣，如第十七题“今有妇人河上荡杯”，第二十六题“今有物不知其数”，第三十一题“今有雉兔同笼”等。这些问题又经后来数学书辗转援引，获得广泛的流传。

《孙子算经》卷中涉及农业经济问题的算题有 10 问，主要是以粟换米、以米换粟、田亩计算等；涉及手工业经济问题的算题有 4 问，主要是手工制造；涉及工程经济问题的算题有 3 问，主要是穿渠、筑城、修堤坝；涉及贸易经济问题的算题有 2 问，主要是钱币的分配。

例：“今有钱六千九百三十，欲令二百一十六人作九分分之：八十一人，人与二分；七十二人，人与三分；六十三人，人与四分，问三种各得几何？答曰：二分，人得钱二十二。三分，人得钱三十三。四分，人得钱四十四。术曰：先置八十一人于上，七十二人次之，六十三人在下。上位以二乘之，得一百六十二；次位以三乘之，得二百一十六；下位以四乘之，得二百五十二。副并三位，得六百三十，为法。又置钱六千九百三十为三位。上位以一百六十二乘之，得一百一十二万二千六百六十，又以二百十六乘中位，得一

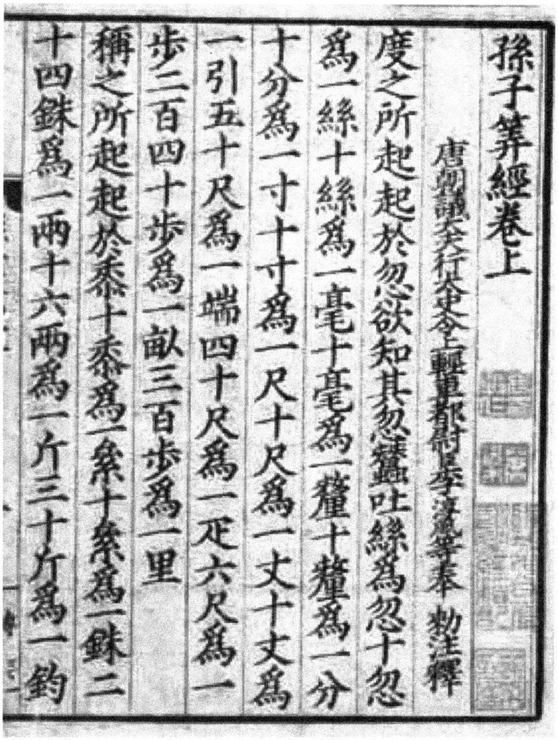
孫子筭經卷上
唐朝議大夫行太史令上輕車都尉臣李淳風等奉 勅注釋
度之所起起於忽欲知其忽蠶吐絲爲忽十忽
爲一絲十絲爲一毫十毫爲一氂十氂爲一分
十分爲一寸十寸爲一尺十尺爲一丈十丈爲
一引五十尺爲一端四十尺爲一疋六尺爲一
步二百四十步爲一畝三百步爲一里
稱之所起起於黍十黍爲一絫十絫爲一銖二
十四銖爲一兩十六兩爲一斤三十斤爲一鈞

图4 《孙子算经》南宋刻本局部

百四十九万六千八百八十；又以二百五十二乘下位，得一百七十四万六千三百六十；各为实。以法六百三十各除之，上位得一千七百八十二，中位得二千三百七十六，下位得二千七百七十二。各以人数除之，即得。”①

又例：“今有筑城，上广二丈，下广五丈四尺，高三丈八尺，长五千五百五十尺。秋程人功三百尺。问须功几何？答曰：二万六千一十一功。术曰：并上、下广，得七十四尺，半之，得三十七尺。以高乘之，得一千四百六尺。又以长乘之，得积七百八十万三千三百尺。以秋程人功三百尺除之，即得。”②

卷下涉及农业经济问题的算题有 8 问，主要是粟米的计算及仓粮的损耗；涉及军事经济问题的算题有 2 问，主要是征兵；涉及金融经济问题的算

① 《孙子算经》卷下，郭书春主编：《中国科学技术典籍通汇·数学卷》，第一册，第 238 页。
② 《孙子算经》卷中，郭书春主编：《中国科学技术典籍通汇·数学卷》，第一册，第 238 页。

题有 1 问，是铸造钱币；涉及贸易经济问题的算题有 9 问，主要是田租。

例："今有粟三十六万九千九百八十斛七斗，在仓九年，年斛耗三升。问一年、九年各耗几何？答曰：一年耗一万一千九十九斛四斗二升一合。九年耗九万九千八百九十四斛七斗八升九合。术曰：置三十六万九千九百八十斛七斗，以三升乘之得一年之耗。又以九乘之，即九年之耗。"①

在"今有雉兔同笼"术文中，《孙子算经》创造了一种被后人称作是"规划法"的思维方式，对后世数学教育产生了重要影响，至今小学奥林匹克数学竞赛还常常以它为原型进行命题考试。

① 《孙子算经》卷下，郭书春主编：《中国科学技术典籍通汇·数学卷》，第一册，第 241 页。

五 《张丘建算经》

《张丘建算经》(图 5)，三卷，系张丘建于 466—485 年编撰。《张丘建算经》继承了《九章算术》的数学遗产，并且提供了很多推陈出新的创见，主要有以下几点：①卷上第十题、第十一题是最大公约数和最小公倍数的应用问题。②卷上第二十二题、第二十三题、第三十二题，卷中第一题和卷下第三十六题是等差级数问题。③有些算术问题比较难解，张丘建在《九章算术》里用“盈不足”术解答，对这些问题一一加以具体分析，从而分别获得直接解答的方法。④卷中第二十二题和卷下第九题都需要开带从平方（求二次方程的正根）来解决。在《九章算术》《勾股》章里有一个开带从平方的问题，《张丘建算经》又添上了两个，从而推广了开带从平方的应用。⑤卷下最后一题，是有名的百鸡问题，这是中国数学史上最早出现的不定式方程问题：“今有鸡翁一直钱五，鸡母一直钱三，鸡雏三直钱一，凡百钱买鸡百只，问鸡翁母雏各几何？”①

卷上涉及农业经济问题的算题有 1 问，是粟米的贮存；涉及手工业经济问题的算题有 4 问，主要是手工制作、布匹加工；涉及工程经济问题的算题有 2 问，主要是城邑的大小和浮桥的建造；涉及财政经济问题的算题有 2 问，主要是对王公贵胄的赏赐；涉及军事经济问题的算题有 4 问，主要是狩猎围兵；涉及贸易经济问题的算题有 3 问，主要是以钱易物（布匹），例：“今有

① （北魏）张丘建：《张丘建算经》卷下，郭书春主编：《中国科学技术典籍通汇・数学卷》，第一册，第 293 页。

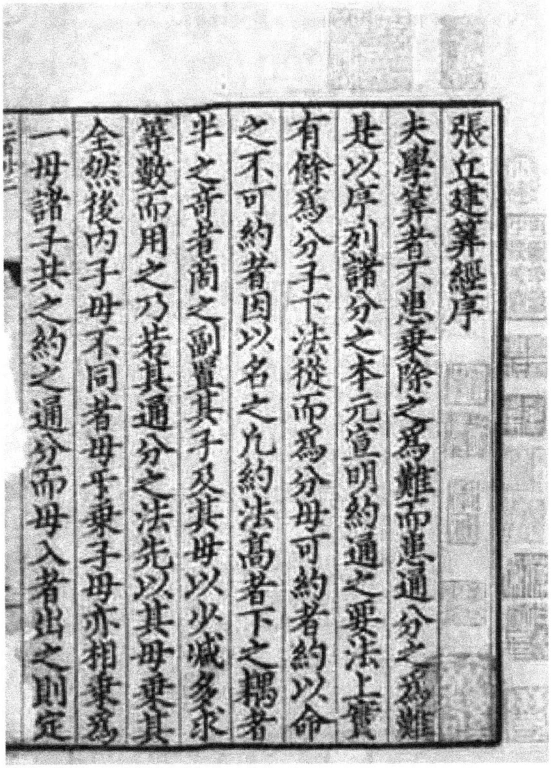
張丘建算經序
夫學算者不患乘除之爲難而患通分之爲難
是以序列諸分之本元宣明約通之要法上實
有餘爲分子下法從而爲分母可約者約以命
之不可約者因以名之凡約法高者下之耦者
半之奇者商之副置其子及其母以少減多求
等數而用之乃若其通分之法先以其母乘其
全然後內子母不同者母互乘子母亦相乘爲
一母諸子共之約之通分而母入者出之則定

图 5 《张丘建算经》宋刻本局部

与人钱，初一人与三钱，次一人与四钱，次一人与五钱，以次与之，转多一钱。与讫还敛聚与均分之，人得一百钱。问人几何？”[①]

卷中涉及农业经济问题的算题有 4 问，主要是粟米日常食用和方田亩数；涉及手工业经济问题的算题有 1 问，是手工刺绣；涉及工程经济问题的算题有 5 问，主要是筑城、方亭、堡壔的建造；涉及财政经济问题的算题有 1 问，是按户等输绢；涉及贸易经济问题的算题有 4 问，主要是以钱易物、以物易物、钱币的分配。

卷下涉及农业经济问题的算题有 10 问，主要是粮食的贮存；涉及手工业经济问题的算题有 2 问，主要是手工制作布匹；涉及工程经济问题的算题

① （北魏）张丘建：《张丘建算经》卷上，郭书春主编：《中国科学技术典籍通汇・数学卷》，第一册，第 264 页。

有 1 问，是测量垣高；涉及金融经济问题的算题有 1 问，是钱币铸造；涉及军事经济问题的算题有 1 问，是制造弓弩；涉及贸易经济问题的算题有 10 问，主要是以物易物、雇佣劳动、粟米分配、转利偿钱等，如转利偿钱问题："今有负他钱，转利偿之。初去转利得二倍，还钱一百。第二转利得三倍，还钱二百。第三转利得四倍，还钱三百。第四转利得五倍，还钱四百。得毕。凡转利倍数皆通本钱。今陈初本，有钱五千九百五十。问初本几何？"①

① （北魏）张丘建：《张丘建算经》卷下，郭书春主编：《中国科学技术典籍通汇·数学卷》，第一册，第 291 页。

六　《五曹算经》

《五曹算经》（图 6）是一册为地方行政职员所编写的应用算术书。全书分为五卷，用田曹、兵曹、集曹、仓曹、金曹五个项目作标题。《五曹算经》

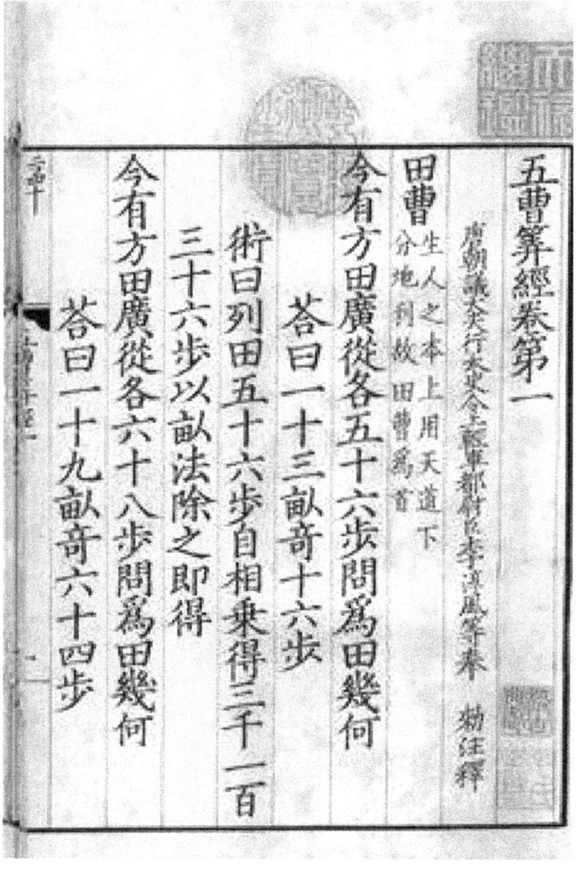

五曹筭經卷第一

唐朝議大夫行太史令上輕車都尉臣李淳風等奉　勑注釋

田曹 生人之本上用天道下分地利故田曹爲首

今有方田廣從各五十六步問爲田幾何

荅曰一十三畝奇十六步

術曰列田五十六步自相乘得三千一百三十六步以畝法除之即得

今有方田廣從各六十八步問爲田幾何

荅曰一十九畝奇六十四步

图 6　《五曹算经》宋刻本局部

的编写年代当在元魏初年以后。甄鸾是西魏、北周时人，他搜集了当时与州县行政有关的算术问题，编成这五卷书。《五曹算经》67 个算术问题的解法都很浅近易晓，所有数字计算都有意避免分数，掌握了整数的加、减、乘、除法就可解答问题。

卷 1《田曹》涉及农业经济问题的算题有 19 问，主要是关于田亩的计算，田亩的类型包括直田、方田、圭田、腰鼓田、圆田、孤田、蛇田、墙田、萧田、丘田、箕田、四不等田、覆月田、环田等。

卷 2《兵曹》涉及军事经济问题的算题有 12 问，主要是军事防御、军粮运输等。

卷 3《集曹》涉及农业经济问题的算题有 6 问，主要是粟、粝、御、麻等之间的交换；涉及贸易经济问题的算题有 3 问，主要是购买日常食品。

卷 4《仓曹》涉及农业经济问题的算题有 9 问，主要是粟米的贮存；涉及财政经济问题的算题有 2 问，主要是田亩的税收。

卷 5《金曹》涉及贸易经济问题的算题有 9 问，主要是责户出丝、以钱易物等。例："今有金二斤，令九十六人分之。问人得几何？"[①]

其中"田曹"的内容与均田制联系密切，所以有学者认为：《五曹算经·田曹》"采用一些精度不高的算法，则不仅与均田制刚刚创立、还不够完善有关，而且也由于这些算法比更精确的算法简单便捷、更易于基层官吏掌握，同时又可以满足大范围的频繁测量与计算有关。唐代'田曹'的职能'掌园宅、口分、永业及荫田'，需要测算各种田地面积，正与《五曹算经》'田曹'中的问题所讨论的对象非常吻合"[②]。而唐代将《五曹算经》列为《算经十书》之一，主要就是因为《五曹算经》具有这种能够满足唐代社会经济发展需要的现实意义和实用价值。

---

① （北周）甄鸾撰：《五曹算经》卷 5《金曹》，郭书春主编：《中国科学技术典籍通汇·数学卷》，第一册，第 307 页。

② 刘芳主编：《勾股方圆之妙——中国数学史话》，贵阳：贵州教育出版社，2013 年，第 55 页。

七　《缉古算经》

《缉古算术》一卷，王孝通撰并注。《缉古算术》于唐显庆元年（656 年）立于学官后，被称为《缉古算经》（图 7）。《缉古算经》只有二十个问题：第一题是关于天文方面的问题；第二题到第六题和第八题，主要是土木工程中的土方体积问题；第七题和第九题到第十四题是仓房和地窖的贮存问题；第十五题到第二十题是勾股问题。《缉古算经》的大部分问题用高次方程解题，这在当时看来是比较艰深的。

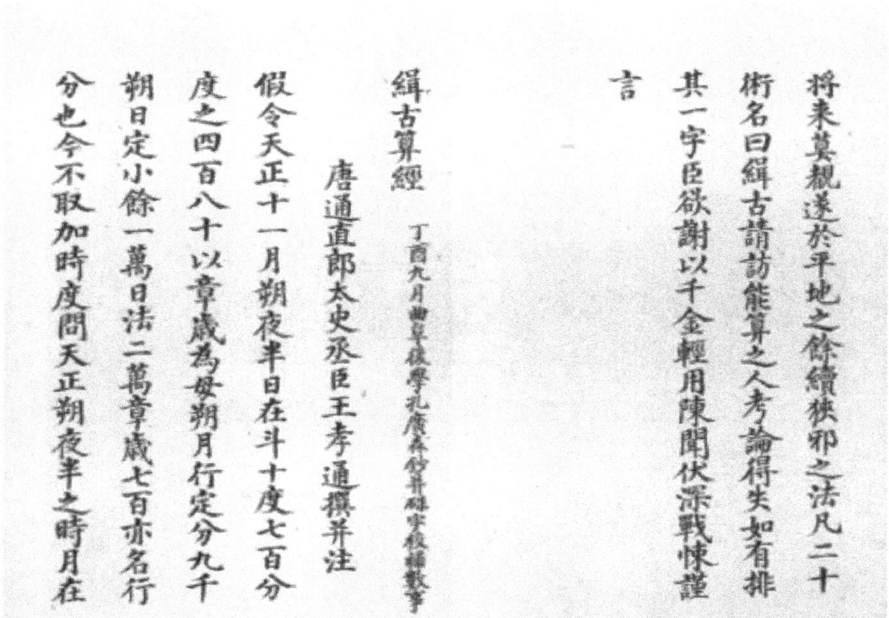
將來莫覩遂於平地之餘續狹邪之法凡二十
術名曰緝古請訪能算之人考論得失如有排
其一字臣欲謝以千金輕用陳聞伏深戰慄謹
言
緝古算經　丁酉九月曲阜後學孔廣森鈔并[illegible]字校補數字
唐通直郎太史丞臣王孝通撰并注
假令天正十一月朔夜半日在斗十度七百分
度之四百八十以章歲為母朔月行定分九千
朔日定小餘一萬日法二萬章歲七百亦名行
分也今不取加時度問天正朔夜半之時月在

图 7　《缉古算经》山东图书馆馆藏清乾隆四十二年（1777 年）孔广森钞本局部

《缉古算经》涉及农业经济问题的算题有 7 问，主要是求解仓房和地窖的容积。例："假令有粟五千一百四十五石。欲作方窖、圆窖各一，令口小底大，方面与圆径等，两深亦同。其深少于下方七尺，多于上方一丈四尺，盛各满中，而粟适尽。问方、径、深各多少？答曰：上方、径各七尺，下方、径各二丈八尺，深各二丈一尺。"[①]

《缉古算经》涉及工程经济问题的算题有 5 问，主要是建造仰观台、筑堤、穿河等。如造仰观台云："假令太史造仰观台，上广、袤少，下广，袤多。上、下广差二丈，上、下袤差四丈，上广袤差三丈，高多上广一十一丈。甲县差一千四百一十八人，乙县差三千二百二十二人。夏程人功常积七十五尺，限五日役台毕。羡道从台南面起，上广多下广一丈二尺，少袤一百四尺，高多袤四丈。甲县一十三乡，乙县四十三乡，每乡别均赋常积六千三百尺，限一日役羡道毕。二县差到人共造仰观台，二县乡人共造羡道，皆从先给甲县，以次与乙县。台自下基给高，道自初登给袤。问台道广、高、袤，及县别给高、广、袤各几何？答曰：台高一十八丈，上广七丈，下广九丈，上袤一十丈，下袤一十四丈；甲县给高四丈五尺，上广八丈五尺，下广九丈，上袤一十三丈，下袤一十四丈；乙县给高一十三丈五尺，上广七丈，下广八丈五尺，上袤一十丈，下袤一十三丈；羡道高一十八丈，上广三丈六尺，下广二丈四尺，袤一十四丈；甲县乡人给高九丈，上广三丈，下广二丈四尺，袤七丈；乙县乡人给高九丈，上广三丈六尺，下广三丈，袤七丈。"[②]

这道算题比较复杂，需要列出三次方程求解。

设仰观台的上广为 a_1，下广为 a_2，上袤为 b_1，下袤为 b_2，高为 h，台积为 $v_{台}$，已知

$$a_2 - a_1 = 2\text{丈}，b_2 - b_1 = 4\text{丈}，b_1 - a_1 = 3\text{丈}，h - a_1 = 11\text{丈}，$$

若设上广为 x，则有

$$x^3 + px^2 + qx = r$$

① （唐）王孝通撰：《缉古算经》，郭书春主编：《中国科学技术典籍通汇·数学卷》，第一册，第 372 页。

② （唐）王孝通撰：《缉古算经》，郭书春主编：《中国科学技术典籍通汇·数学卷》，第一册，第 359—360 页。

式中常数项 r 为“实”，一次项系数 q 为“方法”，二次项系数 p 为“廉法”，依术文：“以程功尺数乘二县人，又以限日乘之，为台积。又以上下袤差乘上、下广差，三而一，为隅阳幂。以乘截高为隅阳截积。又半上、下广差，乘斩上袤，为隅头幂。以乘截高为隅头截积。并二积，以减台积，余为实。以上、下广差并上下袤差，半之，为正数。加截上袤，以乘截高，所得增隅阳幂加、隅头幂，为方法。又并截高及截上袤与正数，为廉法，从。开立方除之，即得上广。各加差，得台下广及上下袤、高。”①

则有

$$r = v_{台} - \left[\frac{1}{3}(b_2 - b_1)(a_2 - a_1)(h - a_1) + \frac{1}{2}(a_2 - a_1)(b_1 - a_1)(h - b_1)\right]$$

$$q = \left\{\frac{1}{2}\left[(b_2 - b_1) + (a_2 - a_1)\right] + (b_1 - a_1)\right\}(h - a_1) + \frac{1}{3}(b_2 - b_1)(a_2 - a_1)$$

$$+\frac{1}{2}(a_2 - b_1)(b_1 - a_1)$$

$$p = (h - a_1) + (b_1 - a_1) + \frac{1}{2}\left[(b_2 - b_1) + (a_2 - a_1)\right]$$

将已知数据代入，化简方程求得

$$3x^3 + 51x^2 + 215x = 5033$$

解方程得整数根 x=7，即上广为 7 丈。

《缉古算经》涉及财政经济问题的算题有 1 问，是郡县输粟。题云：“假令四郡输粟，斛法二尺五寸，一人作功为均。自上给甲，以次与乙。其甲郡输粟三万八千七百四十五石六斗，乙郡输粟三万四千九百五石六斗，丙郡输粟，二万六千二百七十石四斗，丁郡输粟一万四千七十八石四斗。四郡共穿窖，上袤多于上广一丈，少于下袤三丈，多于深六丈，少于下广一丈。各计粟多少，均出丁夫。自穿、负、筑，冬程人功常积一十二尺，一日役。问：窖上下广、袤、深，郡别出人及窖深、广各多少？答曰：窖上广八丈，上袤九丈，下广一十丈，下袤一十二丈，深三丈；甲郡八千七十二人，深一十二尺，下袤一十丈二尺，广八丈八尺；乙郡七千二百七十二人，深九尺，下袤

① （唐）王孝通撰：《缉古算经》，郭书春、刘钝校点：《算经十书》，沈阳：辽宁教育出版社，1998 年，第 3 页。

一十一丈一尺，广九丈四尺；丙郡五千四百七十三人，深六尺，下袤一十一丈七尺，广九丈八尺；丁郡二千九百三十三人，深三尺，下袤一十二丈，广一十丈。”①

《缉古算经》问世之后，在唐及北宋时期颇受学界重视，惜南宋至清初，由于商业数学的兴起，像《缉古算经》这种“世称难读”的“算学至精之术”，却遭到冷落，研习者绝少，以至于清初的历算名家如王锡阐、薛凤祚、黄宗羲、梅文鼎等都没能看到《缉古算经》。幸好康熙甲子年（1684 年）汲古后人毛扆寻得宋元丰七年（1084 年）秘书省刻的刻本。故毛扆在跋《缉古算经》书后云：“扆半生求之，从太仓王氏得孙子、五曹、张邱建②、夏侯阳四种，从章邱李氏得周髀、缉古二种，后从黄俞邰又得九章。皆元丰七年秘书省刊板，字书端楷，雕镂精工，真世之宝也。每卷后有秘书省官衔姓名一幅，又一幅宰辅大臣，自司马相公而下俱列名于后，用见当时郑重若此。因求善书者刻画影摹，不爽毫末，什袭而藏之。”③1932 年故宫博物院从《天禄琳琅丛书》（第 1 集）中影印了南宋刻本《缉古算经》，据考这也是我国目前最好的版本。

① （唐）王孝通撰：《缉古算经》，郭书春主编：《中国科学技术典籍通汇 • 数学卷》，第一册，第 367—368 页。
② 张邱建作张丘建。
③ 傅增湘撰：《藏园群书经眼录》，北京：中华书局，1983 年，第 604 页。

八 《夏侯阳算经》

《夏侯阳算经》（图 8），传本是在唐代宗在位时期（762—779 年）写成的。[①]本书卷上引田令、赋役令、仓库令、杂令等都是唐代刑部颁行的法令；卷中“求地税”章有按亩收谷二题，“定脚价”章有两税米、两税钱各一题；卷下又有两税钱三题。

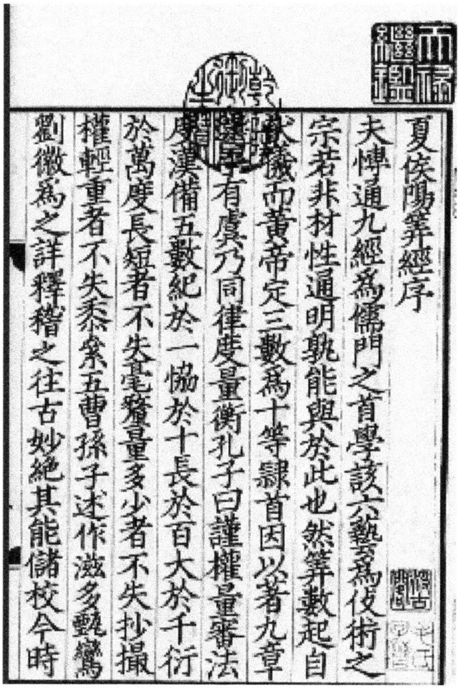
夏侯陽筭經序
夫博通九經爲儒門之首學該六藝爲伎術之
宗若非材性通明孰能與於此也然筭數起自
伏犧而黄帝定三數爲十等隸首因以著九章
有虞乃同律度量衡孔子曰謹權量審法
度漢備五數紀於一協於十長於百大於千衍
於萬度長短者不失毫氂量多少者不失抄撮
權輕重者不失黍絫五曹孫子述作滋多甄鸞
劉徽爲之詳釋稽之往古妙絶其能儲校今時

图 8 《夏侯阳算经》汲古阁影印宋抄本局部

① 陈明光先生考证为：《夏侯阳算经》的成书年代为德宗贞元四年（788 年）之后，其下限可至宪宗元和十一年（816 年）。

《夏侯阳算经》涉及农业经济问题的算题有10问，主要是粟米的贮存，如方窖、圆篙、平地聚粟、仓库受粟等。

涉及手工业经济问题的算题有13问，主要是冶炼金属、提炼麻油和棉纺手工制作。冶炼金属题例："今有黄铁四千三百一十八斤三两，欲炼为钢铁，每斤耗三两，问钢铁几何？"①

涉及工程经济问题的算题有1问，是开城濠。

涉及财政经济问题的算题有19问，主要是田亩纳税、两税米、两税钱、定脚价钱等。例："今有田三百七十九亩，亩出税谷三升纳官，每斛加二升耗，问输正及耗各几何？"②又如："今有租布一万三千七百九十五端三丈七尺，送纳洛州。计从州到彼别一十八文充水脚，又抽一文充积叠，并于数内抽给，其布准时估端别一百五十文，问正及水脚、积叠等三色各几何？"③

涉及金融经济问题的算题有2问，主要是货币换算。例："今有金一斤，直钱一百贯。问一两几何？"④

涉及贸易经济问题的算题有22问，主要是以物易物、以钱易物等，以钱易物的物品主要有日用品和食用品。以物易物例："今有布二万五千四百二十八端二丈七尺，欲折布为轻货绢。其绢匹价三贯八百七十文，其布端价二贯六百文。问为绢几何？"⑤以钱易日用品例："今有黄金一斤，直绢一千二百匹。问每两直绢几何？"⑥以钱易食用品例："今有钱一十七贯五百二十五文，欲五文买鸡三只，问得几何？"⑦

涉及军事经济问题的算题有10问，主要是军队后勤补给，如粮食、酒、酱、盐等，以及马匹草料的供给。粮食的供给例："今有兵六千七百九十二人，人日给米二升，问一日、一月、一年各几何？"⑧马匹草料的供给例："今有马七千六百八十四匹，匹日给料五升，问一日几何？"⑨

---

① 《夏侯阳算经》卷中，郭书春主编：《中国科学技术典籍通汇·数学卷》，第一册，第392页。
② 《夏侯阳算经》卷中，郭书春主编：《中国科学技术典籍通汇·数学卷》，第一册，第387页。
③ 《夏侯阳算经》卷中，郭书春主编：《中国科学技术典籍通汇·数学卷》，第一册，第390页。
④ 《夏侯阳算经》卷下，郭书春主编：《中国科学技术典籍通汇·数学卷》，第一册，第394页。
⑤ 《夏侯阳算经》卷中，郭书春主编：《中国科学技术典籍通汇·数学卷》，第一册，第391页。
⑥ 《夏侯阳算经》卷下，郭书春主编：《中国科学技术典籍通汇·数学卷》，第一册，第394页。
⑦ 《夏侯阳算经》卷下，郭书春主编：《中国科学技术典籍通汇·数学卷》，第一册，第394页。
⑧ 《夏侯阳算经》卷中，郭书春主编：《中国科学技术典籍通汇·数学卷》，第一册，第389页。
⑨ 《夏侯阳算经》卷中，郭书春主编：《中国科学技术典籍通汇·数学卷》，第一册，第389页。

九 《梦溪笔谈》

沈括（1031—1095）字存中，杭州钱塘人，是北宋著名科学家，他的《梦溪笔谈》（图 9）被称作是“中国科学史的里程碑”[①]。《梦溪笔谈》现存二十六卷，加上《补笔谈》与《续笔谈》，以及李裕民所辑《梦溪笔谈》佚文

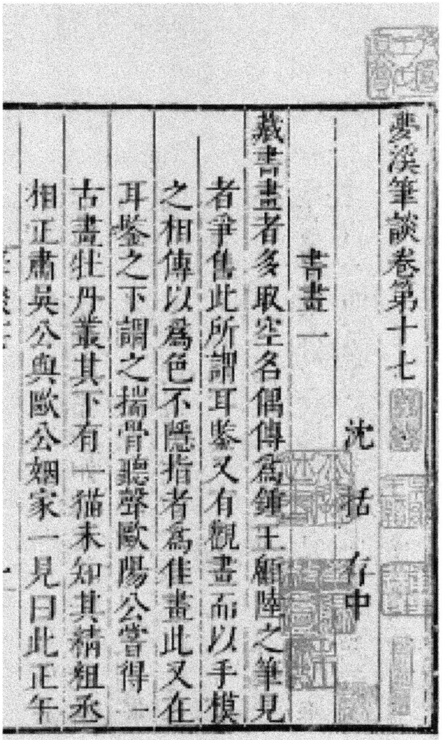
夢溪筆談卷第十七

沈括存中

書畫 一

藏書畫者多取空名偶傳爲鍾王顧陸之筆見者爭售此所謂耳鑒又有觀畫而以手摸之相傳以爲色不隱指者爲佳畫此又在耳鑒之下謂之揣骨聽聲歐陽公嘗得一古畫牡丹叢其下有一猫未知其精粗丞相正肅吴公與歐公姻家一見曰此正午

图 9 《梦溪笔谈》明刻本局部

① J. Needham（李约瑟）. *Science and Civilisation in China*，Vol.1，1954，p.135.

三条[①]，共有条文六百一十二条。其中，属于科学技术方面的条文计有二百多条，包括农田水利、工程技术、天文历法、数学、物理、化学、生物、地理、兵器武备、医药等众多学科领域。

对于《梦溪笔谈》中数学学科的内容，以往研究者多比较注重其理论数学的研究，故缺乏对《梦溪笔谈》中经济数学内容的系统整理与研究。为了研究的方便，我们将《梦溪笔谈》涉及经济数学的条目罗列如下。

（1）农业经济数学条目：

两浙田税亩三斗，钱氏国除，朝廷遣王方贽均两浙杂税，方贽悉令亩出一斗。使还，责擅减税额，方贽以谓："亩税一斗者，天下之通法。两浙既已为王民，岂当复循伪国之法？"上从其说。至今亩税一斗者，自方贽始。唯江南、福建犹循旧额，盖当时无人论列，遂为永式。[②]

（2）金融经济数学条目：

今之数钱，百钱谓之"陌"者，借"陌"字用之，其实只是"百"字，如"什"与"伍"耳。唐自皇甫镈为垫钱法，至昭宗末乃定八十为陌。汉隐帝时，三司使王章每出官钱又减三钱，以七十七为陌，输官仍用八十。至今输官钱有用八十陌者。

《唐书》：开元钱重二铢四参。今蜀郡亦以十参为一铢。参乃古之"絫"字，恐相传之误耳。[③]

（3）财政经济数学条目：

五代方镇割据，多于旧赋之外重取于民，国初悉皆蠲正，税额一定。其间有或重轻未均处，随事均之。福、歙州税额太重，福州则令以钱二贯五百折纳绢一匹，歙州输官之绢止重数两，太原府输赋全除，乃以减价籴粜补之。后人往往疑福、歙折绢太贵，太原折米太贱，盖不见当时均赋之意也。[④]

---

① 李裕民：《宋史新探》，西安：陕西师范大学出版社，1999 年，第 306 页。
② （宋）沈括撰，金良年点校：《梦溪笔谈》卷 9，北京：中华书局，2015 年，第 94 页。
③ （宋）沈括撰，金良年点校：《梦溪笔谈》卷 4，第 34 页。
④ （宋）沈括撰，金良年点校：《梦溪笔谈》卷 11，第 111 页。

（4）贸易经济数学条目：

孙之翰，人尝与一砚，直三十千，孙曰："砚有何异，而如此之价也？"客曰："砚以石润为贵，此石呵之则水流。"孙曰："一日呵得一担水，才直三钱，买此何用？"竟不受。①

刘晏掌南计，数百里外物价高下即日知之。人有得晏一事，予在三司时尝行之于东南。每岁发运司和籴米于郡县，未知价之高下，须先具价申禀，然后视其贵贱，贵则寡取，贱则取盈，尽得郡县之价，方能契数行下，比至则粟价已增，所以常得贵售。晏法则令多粟通途郡县，以数十岁籴价与所籴粟数，高下各为五等，具籍于主者今属发运司。粟价才定，更不申禀，即时廪收，但第一价则籴第五数，第五价即籴第一数，第二价则籴第四数，第四价即第二数，乃即驰递报发运司。如此，粟贱之地自籴尽极数，其余节级各得其宜，已无极售。发运司仍会诸郡所籴之数计之，若过于多则损贵与远者，尚少则增贱与近者，自此粟价未尝失时，各当本处丰俭。即日知价，信皆有术。②

（5）军事经济数学条目：

凡师行，因粮于敌最为急务，运粮不但多费，而势难行远。予尝计之，人负米六斗，卒自携五日干粮，人饷一卒，一去可十八日，米六斗，人食日二升，二人食之十八日尽。若计复回，只可进九日；二人饷一卒，一去可二十六日，米一石二斗，三人食日六升，八日则一夫所负已尽，给六日粮遣回，后十八日，二人食日四升并粮。若计复回，止可进十三日；前八日，日食六升；后五日并回程，日食四升并粮。三人饷一卒，一去可三十一日，米一石八斗，前六日半，四人食日八升，减一夫，给四日粮；中七日，三人食，日六升。又减一夫，给九日粮；后十八日，二人食日四升并粮。计复回，止可进十六日。前六日半，日食八升；中七日，日食六升；后二日半并回程，日食四升并粮。三人饷一卒，极矣。

① （宋）沈括撰，金良年点校：《梦溪笔谈》卷9，第95页。
② （宋）沈括撰，金良年点校：《梦溪笔谈》卷11，第110—111页。

若兴师十万，辎重三之一，止得驻战之卒七万人，已用三十万人运粮，此外难复加矣。放回运夫须有援卒，缘运行死亡、疾病，人数稍减，且以所减之食准援卒所费。运粮之法，人负六斗，此以总数率之也，其间队长不负，樵汲减半，所余皆均在众夫，更有死亡、疾病者，所负之米又以均之，则人所负常不啻六斗矣。故军中不容冗食，一夫冗食，二三人饷之尚或不足。若以畜乘运之，则驼负三石，马、骡一石五斗，驴一石。比之人运，虽负多而费寡，然刍牧不时，畜多瘦死，一畜死则并所负弃之，较之人负，利害相半。[①]

地理之书，古人有飞鸟图，不知何人所为。所谓飞鸟者，谓虽有四至里数，皆是循路步之，道路迂直而不常，既列为图，则里步无缘相应，故按图别量径直四至，如空中鸟飞直达，更无山川回屈之差。予尝为守令图，虽以二寸折百里为分率，又立准望，互融傍验高下、方斜、迂直之法，以取鸟飞之数。图成，得方隅远近之实，始可施此法，分四至，八到为二十四至，以十二支、甲乙丙丁庚辛壬癸八干、乾坤艮巽四卦名之，使后世图虽亡，得予此书，按二十四至以布郡县，立可成图，毫发无差矣。[②]

风后八阵，大将握奇处于中军，则并中军为九军也。唐李靖以兵少难分为九军，又改制六花阵，并中军为七军。予按，九军乃方法，七军乃圆法也。算术，方物八裹一，盖少阴之数，并其中为老阳；圆物六裹一，乃老阴之数，并其中为少阳。此物之定行，其数不可改易者，既为方、圆二阵，势自当如此。九军之次，李靖之后始变古法，为前军、策前军、右虞候军、右军、中军、左虞候军、左军、后军、策后军；七军之次，前军、右虞候军、右军、中军、左虞候军、左军、后军。扬奇备伏，先锋、踏白皆在阵外，跳荡、弩手皆在军中。[③]

熙宁中，使六宅使郭固等讨论九军阵法，著之为书，颁下诸帅府，

---

① （宋）沈括撰，金良年点校：《梦溪笔谈》卷 11，第 115 页。
② （宋）沈括撰，金良年点校：《梦溪笔谈・补笔谈》卷 3，第 308 页。
③ （宋）沈括撰，金良年点校：《梦溪笔谈・补笔谈》卷 3，第 310 页。

副藏秘阁。固之法，九军共为一营阵，行则为阵，住则为营。以驻队绕之。若依古法，人占地二步、马四步，军中容军、队中容队，则十万人之阵占地方十里余，天下岂有方十里之地无丘阜、沟涧、林木之碍者？兼九军共以一驻队为篱落，则兵不复可分，如九人共一皮，分之则死，此正孙武所谓“縻军”也。又古阵法有“面面相向，背背相承”之文，固不能解，乃使阵间士卒皆侧立，每两行为一巷，令面相向而立，虽文应古说，不知士卒侧立，如何应敌？上疑其说，使予再加详定。予以谓九军当使别自为阵，虽分列左右、前后而各占地利，以驻队外向自绕，纵越沟涧、林薄，不妨各自成营，金鼓一作，则卷舒合散，浑浑沦沦而不可乱，九军合为一大阵，则中分四衢如井田法，九军皆背背相承、面面相向，四头八尾，触处为首。上以为然，亲举手曰：“譬如此五指，若共为一皮包之，则何以施用？”遂著为令，今营阵法是也。[①]

① （宋）沈括撰，金良年点校：《梦溪笔谈·补笔谈》卷3，第310页。

十 《河防通议》

《河防通议》的原作者系北宋的沈立，可惜原书失传，后来沙克什在至治元年（1321年）以沈立原著、周俊所著《河事集》及金代都水鉴编写的《河防通议》为蓝本，加以缩减、整编而成（图10）。对此，沙克什在《河防通议·原序》中说："愚少尝学算数于真定，壕寨宫张祥瑞之授以是书，且曰'此监本也'。得之于太史若思。后十五年，复得汴本。其中全列宋丞司点检周俊《河事集》，视蓝本为小异。虽无门类，而援引经史，措辞稍文，论事略备，其条目纤悉，则弗若之矣。署云：朝奉郎尚书、屯田员外郎、骑都尉沈立撰。愚患二本之得失互见，其丛杂纷纠，难于讨寻，因暇日摘而合之为一，削去冗长，考订舛讹，省其门，析其类，使粗有条贯，以便观览，而资实用。"①

沈立（1007—1078年），字立之，安徽历阳（今安徽和县）人，历任三司、都水监等职。现传本《河防通议》总计二卷六门六十八目，是我国全面记述河工技术的第一部专著。

第一门为"河议"，十目，主要介绍治河历史及堤埽利弊等。

第二门为"制度"，六目，主要对防汛、河工工程定例等技术进行规范和指导，这里涉及的工程经济数学问题主要有定平、修砌石岸、卷埽和筑城四目。其"筑城"例云："凡城高四十尺，则厚加高二十尺，其上斜收亦减高之半。若高增一尺，则其下厚亦加一尺，上收亦减其半。若

---

① （元）沙克什撰：《河防通议·原序》，北京：中华书局，1985年，第1页。

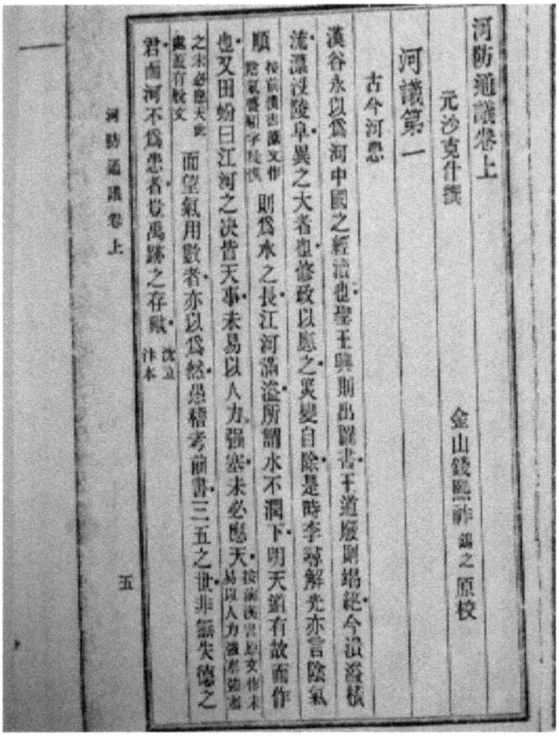
河防通議卷上
元沙克什撰
金山錢熙祚錫之原校
河議第一
古今河患
漢谷永以為河中國之經瀆也聖王興則出圖書王道廢則竭絕今潰溢橫
流漂沒陵阜異之大者也修政以應之災變自除是時李尋解光亦言陰氣
順 則為水之長江河滿溢所謂水不潤下明天道有故而作
也又田蚡曰江河之決皆天事未易以人力強塞未必應天
而望氣用數者亦以為然愚稽考前書三五之世非無失德之
君而河不為患者豈禹跡之存歟
河防通議卷上 五

图 10 《河防通议》中国水利工程学会《中国水利珍本丛书》本局部

高减则亦减之。开地深五尺，其广随城之厚，每身一十五步，栽永定柱一条。”①

第三门为“料例”，十一目，主要介绍修砌石岸、筑城等工程的用料和计工办法。

第四门为“功程”，十八目，主要介绍各种水利工程的用料与计算问题。

第五门为“输运”，十八目，主要介绍运输计工、物料体积的计算等问题。

第六门为“算法”，五目，主要介绍土方体积、工程用料等计算方法，其中有用天元术解有关的二次方程的方法。因此，刘浦江先生认为：“《算法门》有关天元术的工程计算显然不可能出自沈立《河防通议》，因为天元术

① （元）沙克什撰：《河防通议》卷上《筑城》，北京：中华书局，1985 年，第 10 页。

的产生不可能早至 11 世纪中期，剩下的便仅有一种可能性，即只能是出自金蓝本《河防通议》。”[①]

此书通行的版本主要有 1936 年商务印书馆“丛书集成”本与中国水利工程学会“中国水利珍本丛书”本。

① 刘浦江：《宋、金治河文献钩沉——〈河防通议〉初探》，北京大学中国古代史研究中心编：《舆地、考古与史学新说：李孝聪教授荣休纪念论文集》，北京：中华书局，2012 年，第 382 页。

十一 《数书九章》

《数书九章》(图 11)，十八卷，南宋秦九韶撰。秦九韶，字道古，普州安岳(今四川安岳)人，祖籍鲁郡。生于南宋宁宗嘉泰二年(1202 年)，约卒于理宗景定二年(1261 年)。在《数书九章》中，秦九韶通过很多例题，如“古历会积”“治历演纪”“积尺寻源”“推计土功”“程行计地”等，展示了大衍求一术在解决历法、工程、赋役和军旅等实际问题中的广泛应用。除大衍求一术、大衍总数术和正负开方术外，秦九韶还有其他方面的贡献。例如，他改进了线性方程组的解法，普遍应用互乘相消法代替传统的直除法，已同今天所用的方法完全一致；在开方中，他发展了刘徽开方不尽求微数的思想，最早使用十进小数来表示无理根近似值；他对于《九章算术》和《海岛算经》的勾股测量数也多有开发，提出了一些新问题。《数书九章》内容十分丰富，我们不仅可以从中找到数学、天文历法和土木工程乃至雨雪量测量等方面的珍贵资料，而且还可以从中了解南宋时期户口增长、耕地拓展、赋税、利贷、度量衡以及货币流通、海外贸易等社会领域的真实情况。

《数书九章》涉及农业经济问题的算题有 12 问，主要是众人分米、所求田亩面积、贮米等。例分米：“问有上农三人力田所收之米系用足斗均分，各往他处田粜，甲粜与本郡官场余三斗二升，乙粜与安吉乡民余七斗，丙粜与平江揽户余三斗，欲知其米及三人所分各粜石数几何？”[①]例贮米：“问和籴米运借仓权顿计五十敖，每敖阔一丈五尺，深三丈，米高一丈二尺。又借寺

① (宋)秦九韶撰：《数书九章》卷 2，郭书春主编：《中国科学技术典籍通汇・数学卷》，第一册，第 456 页。

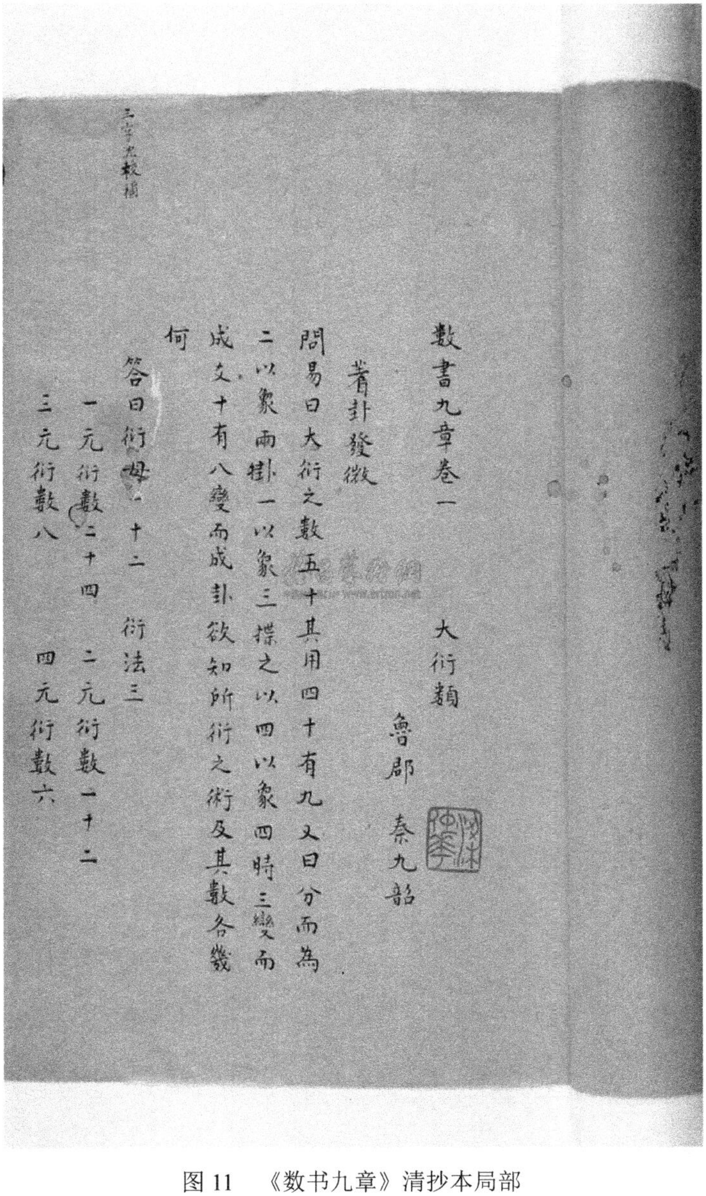
數書九章卷一　大衍類
魯郡　秦九韶
蓍卦發微
問易曰大衍之數五十其用四十有九又曰分而為
二以象兩掛一以象三揲之以四以象四時三變而
成爻十有八變而成卦欲知所衍之術及其數各幾
何
答曰衍母一十二　衍法三
一元衍數二十四　二元衍數一十二
三元衍數八　四元衍數六

图 11　《数书九章》清抄本局部

屋四十间，内二十五间，阔一丈二尺，深二丈五尺，米高一丈，内一十五间，各阔一丈三尺，深三丈，米高一丈二尺，欲知寺屋及仓容米共计几何？”①

① （宋）秦九韶撰：《数书九章》卷 12，郭书春主编：《中国科学技术典籍通汇·数学卷》，第一册，第 575 页。

涉及手工业经济问题的算题有 1 问，是计造军衣："问库有布绵絮三色计料，欲制军衣，其布六人八匹少一百六十匹，七人九匹剩五百六十匹，其绵八人一百五十两剩一万六千五百两，九人一百七十两剩一万四千四百两，其絮四人一十三斤少六千八百四斤，五人一十四斤适足，欲知军士及布绵絮各几何？"①

涉及工程经济问题的算题有 9 问，主要是筑堤、砌城基、换塔心、筑城、开河渠、筑清台等。例换塔心："问有浮图欹侧，欲换塔心木，不知其高，去塔六丈有刹竿亦不知其高，竿木去地九尺二寸，始钉锔，锔一十四枚，枚长五寸，每锔下股相去二尺五寸，就竿为表，人退竿三丈，遥望浮图尖适与竿端斜合，又望相轮之本，其景入锔第七枚，上股人目去地四尺八寸，心木放三尺为楯卯剪截，欲求塔高、轮高、合用塔心木长各几何？"②

涉及财政经济问题的算题有 13 问，主要是田租、关税、马息钱、库息钱等。例累收库本："问有库本钱五十万贯，月息六厘半，令今掌事每月带本纳息共还一十万，欲知几何月而纳足，并末后畸钱多少？"③

涉及金融经济问题的算题有 1 问，是炼金计直："问库有三色金共五千两百（？）八分，金一千二百五十两，两价四百贯文七分五厘；金一千六百两，两价三百七十五贯文八分五厘；金二千一百五十两，两价四百二十五贯文，并欲炼为足色，每两工食药炭钱三贯文，耗金九百七十二两五钱，欲知色分及两价各几何？"④

涉及贸易经济问题的算题有 6 问，主要是推求物价、均货推本、菽粟互易、推求典本等。例推求物价："问推货务三次，支物准钱各一百四十七万贯文，先拨沈香三千五百裹，玳瑁二千二百斤，乳香三百七十五套，次拨沈

---

① （宋）秦九韶撰：《数书九章》卷 16，郭书春主编：《中国科学技术典籍通汇·数学卷》，第一册，第 620 页。

② （宋）秦九韶撰：《数书九章》卷 8，郭书春主编：《中国科学技术典籍通汇·数学卷》，第一册，第 533 页。

③ （宋）秦九韶撰：《数书九章》卷 12，郭书春主编：《中国科学技术典籍通汇·数学卷》，第一册，第 580 页。

④ （宋）秦九韶撰：《数书九章》卷 18，郭书春主编：《中国科学技术典籍通汇·数学卷》，第一册，第 638 页。

香二千九百七十裹，玳瑁二千一百三十斤，乳香三千五十六套四分套之一，后拨沈香三千二百裹，玳瑁一千五百斤，乳香三千七百五十套，欲求沈乳玳瑁裹斤套各价几何？”[①]

涉及军事经济问题的算题有 11 问，主要有程行计地、望敌圆营、望敌远近、计立方营、望知敌众、均敷徭役等。例均敷徭役：“问军戍差坐烽摆铺，切虑差徭不均，今诸军共合差一千二百六十人契勘诸军见管，前军六千一百七十人，右军四千九百三十六人，中军七千四百四人，左军三千七百二人，后军二千四百六十八人，各军合差几何？”[②]

① （宋）秦九韶撰：《数书九章》卷 17，郭书春主编：《中国科学技术典籍通汇·数学卷》，第一册，第 624 页。

② （宋）秦九韶撰：《数书九章》卷 16，郭书春主编：《中国科学技术典籍通汇·数学卷》，第一册，第 617 页。

十二　《测圆海镜》

《测圆海镜》（图 12），十二卷，元李冶撰，成书于 1248 年，初版于 1282 年。李冶，金元之际数学家，字仁卿，号敬斋，真定府栾城（今河北省石家庄市栾城区）人，1192 年生于大兴（今北京市大兴区），1279 年卒于元氏（今河北省元氏县）。如前所述，虽然《河防通议》是现存文献中最早讨论天元术的著作，但《测圆海镜》却是我国现存最早的只使用天元，不再使用地元表示未知数负幂的数学著作。[①]天元术是一种用数学符号列方程的方法，“立天元一”是其重要标志，“立天元一为某某”与今“设 X 为某某”是一致的。在中国，列方程的思想可追溯到汉代《九章算术》，书中用文字叙述的方法建立了二次方程，但没有明确的未知数概念。唐王孝通已能列出三次方程，但仍用文字叙述，且未掌握列方程的一般方法，所以列方程需要高度技巧。数学问题的日益复杂迫切需要一种普遍的建立方程的方法，天元术即在宋代应运而生。但直到李冶之前，天元术还是比较幼稚的，记号混乱复杂，演算烦琐，而《测圆海镜》便是李冶深入研究后完成的。《测圆海镜》所涉及的内容全部是关于测量圆形地盘的工程数学问题。

《测圆海镜》涉及工程经济问题的算题有 113 问，主要是问城邑半径、直径、周径。问城径例：“假令有圆城一所不知周径，四面开门，门外纵横各有十字大道，其西北十字道头定为乾地，其东北十字道头定为艮地，其东南十字道头定为巽地，其西南十字道头定为坤地，所有测望杂法一一设问如后，或问甲乙二人俱在乾地，乙东行三百二十步而立，甲南行六百步望见乙，

---

① 郭书春：《关于天元术的发展的几个问题》，《高等数学研究》2013 年第 4 期，第 121 页。

问径几里？”①

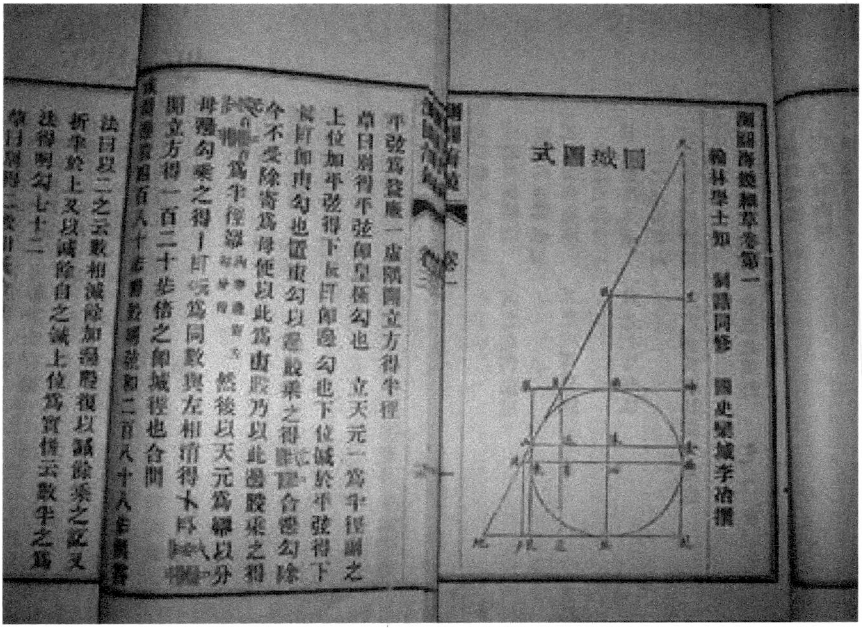

图 12 《测圆海镜》清末大铅印本局部

《测圆海镜》中的天元开方式（图 13）用现代数学式表达如图 14 所示。

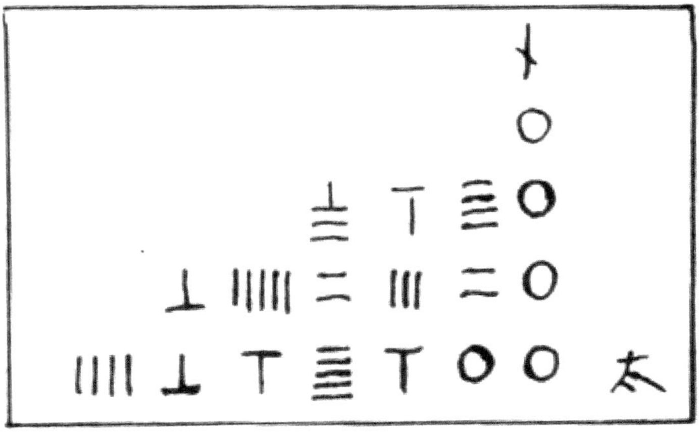

图 13 《测圆海镜》所给出的天元开方式

① （元）李治撰：《测圆海镜》卷 2，郭书春主编：《中国科学技术典籍通汇・数学卷》，第一册，第 762 页。

-1
0
8640
652320
4665600（常数）

图 14　现代数学式表达

即：$-x^4+8640x^2+652320x+4665600=0$

解得正根 x=120 步。

十三　《益古演段》

《益古演段》（图 15），三卷，元李冶撰，成书于 1259 年。《益古演段》各题包括“法”“依条段求之”“条段圆”“义”四部分。“法”即天元术，“条段”是用来表示方程各项的一段段的条形面积，“依条段求之”即用人们易

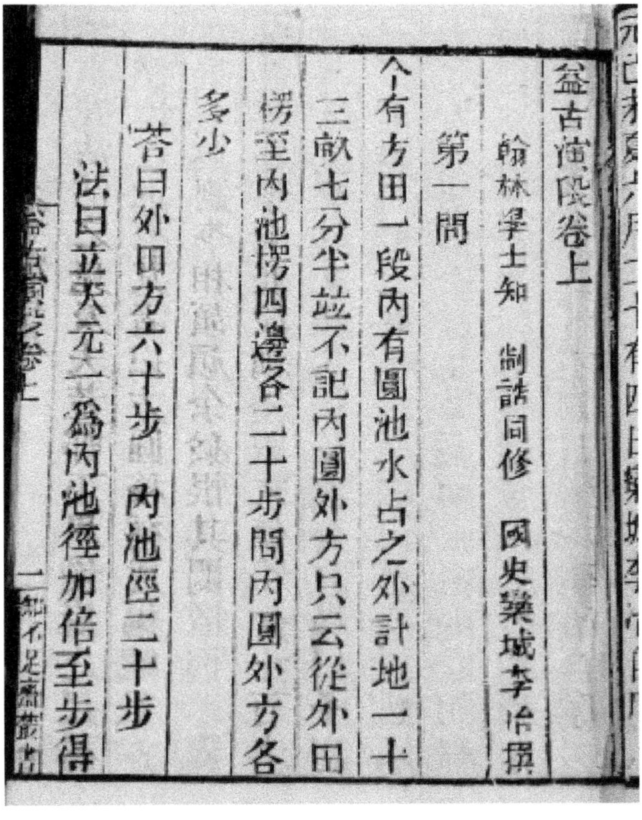
益古演段卷上
翰林學士知　制誥同修　國史欒城李冶撰
第一問
今有方田一段內有圓池水占之外計地一十
三畝七分半並不記內圓外方只云從外田
楞至內池楞四邊各二十步問內圓外方各
多少
荅曰外田方六十步　內池徑二十步
法曰立天元一爲內池徑加倍至步得

图 15　《益古演段》知不足斋丛书局部

懂的几何方法对天元术进行解释，“圆”为方程各项几何关系的圆解，“义”即圆的文字说明。除这四部分外，有二十三题包括旧术，即蒋周的条段法，这是一种推导方程的几何方法，该书表明蒋周在建立方程的过程中，已懂得寻找等值多项式，如积相消，从而为天元术的诞生创造了条件。

《益古演段》在理论上的创新，主要表现在化多元问题为一元问题，以及设辅助未知数的方法，为天元术的应用开辟了更广阔的道路。

《益古演段》涉及农业经济问题的算题有 63 问，主要是关于田亩面积、周径、长、阔等，田地主要为方田、圆田、方圆田、水旱田、直田等。方圆田例：“今有方圆田各一段，共计二千二百八十六步，只云方周不及圆周一十二步，问二周各若干？”[①]水旱田例：“今有水旱田各一段，共计积二千六百二十五步，只云水田长阔共一百步，其旱田阔不及长三十五步，而不及水地阔十步，问水旱地长阔各若干？”[②]

在天元术的表示方法上，《益古演段》与《测圆海镜》不同，具体情况如图 16 所示。

x^9 仙						
x^8 明	⋮	⋮	⋮	⋮	⋮	⋮
⋮	x^2	x^{-2}	x^2	x^2	x^{-2}	x^{-2}
x 天	x 天	x^{-1}地	x	x 元	x^{-1}	x^{-1}
A 人	A 太	A 太	A 太	A	A 太	A
x^{-1}地	x^{-1}地	x^1 天	x^{-1}	x^{-1}	x	x 元
⋮	x^{-2}	x^2	x^{-2}	x^{-2}	x^2	x^2
x^{-8} 暗	⋮	⋮	⋮	⋮	⋮	⋮
x^{-9} 鬼						
东平算经	古法	彦材法	测圆海镜		益古演段	

图 16　天元术的表示法[③]

如三次方程式 $x^3-336x^2+4184x+2488320=0$，《测圆海镜》的表示法

① （元）李冶撰：《益古演段》卷中，郭书春主编：《中国科学技术典籍通汇·数学卷》，第一册，第 902 页。
② （元）李冶撰：《益古演段》卷中，郭书春主编：《中国科学技术典籍通汇·数学卷》，第一册，第 910 页。
③ 郭书春：《关于天元术的发展的几个问题》，《高等数学研究》2013 年第 4 期，第 126 页。

如图 17 所示。

$$\begin{bmatrix} 1 \\ -336 \\ 4184 \\ 2488320 \end{bmatrix}$$

图 17 《测圆海镜》的表示法

而《益古演段》的表示法如图 18 所示。

$$\begin{bmatrix} 2488320 \\ 4184 \\ -336 \\ 1 \end{bmatrix}$$

图 18 《益古演段》的表示法

十四　《杨辉算法》

《杨辉算法》是南宋杨辉后期著作集，包括《乘除通变本末》三卷、《田亩比类乘除捷法》二卷、《续古摘奇算法》二卷，凡七卷。《乘除通变本末》（图 19）原名《乘除通变算宝》（卷上又名《算法通变本末，卷中又名《乘法通变算宝》），作于咸淳甲戌年（1274 年），上中两卷为杨辉自撰，卷下为杨辉与史仲荣合作完成。《田亩比类乘除捷法》（图 20）作于德祐乙亥年（1275 年），卷上列出各种形状田地的求积公式及例题，可谓是杨辉《详解

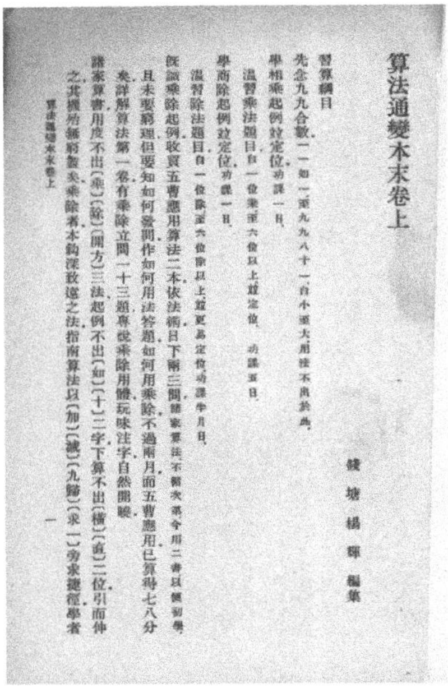

算法通變本末卷上

錢塘楊輝編集

習算綱目

先念九九合數，一一如一至九九八十一，自小至大，用法不出於此。

學相乘起例竝定位，功課一日。

溫習乘法題目，自一位乘至六位以上，竝定位，功課五日。

學商除起例竝定位，功課一日。

溫習除法題目，自一位除至六位除以上，竝更易定位，功課半月日。

既識乘除起例，收買五曹應用算法二本，依法術日下兩三問，諸家算法不循次第，今用二書以便初學。

且未要窮理，但要知如何發問，作如何用法答題，如何用乘除，不過兩月而五曹應用已算得七八分。

然後詳解算法第一卷有乘除立問一十三題，專說乘除用體，玩味注字，自然開曉。

諸家算書用度不出〔乘〕〔除〕〔開方〕三法，起例不出〔如〕〔十〕二字，下算不出〔橫〕〔直〕二位，引而伸之，其機殆無窮矣。乘除者本鈎深致遠之法，指南算法以〔加〕〔減〕〔九歸〕〔求一〕旁求捷徑，學者

算法通變本末卷上　一

图 19　《算法通变本末》丛书集成初编本局部

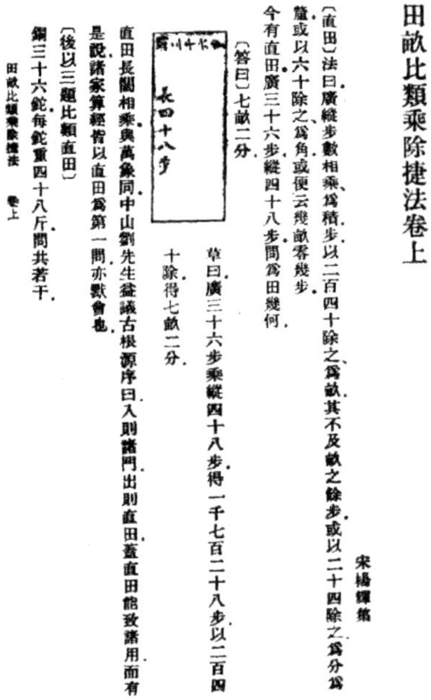

田畝比類乘除捷法卷上

宋楊輝編

〔直田〕法曰，廣縱步數相乘，爲積步，以二百四十除之，爲畝，其不及畝之餘步，或以二十四除之，爲分，爲釐，或以六十除之，爲角，或便云幾畝零幾步。

今有直田廣三十六步，縱四十八步，問爲田幾何。

〔答曰〕七畝二分。

草曰，廣三十六步乘縱四十八步，得一千七百二十八步，以二百四十除，得七畝二分。

直田長闊相乘，與萬象同，中山劉先生益議古根源序曰，入則諸門，出則直田，蓋直田能致諸用，而有是說，諸家算經皆以直田爲第一問，亦默會也。

〔後以三題比類直田〕

銅三十六鋌，每鋌重四十八斤，問共若干。

田畝比類乘除捷法　卷上

图 20　《田亩比类乘除捷法》丛书集成初编本局部

九章算法》方田章的延展，同时，结合当时实际需要的问题，进行比类。《续古摘奇算法》（图 21）亦作于德祐乙亥年（1275 年）。

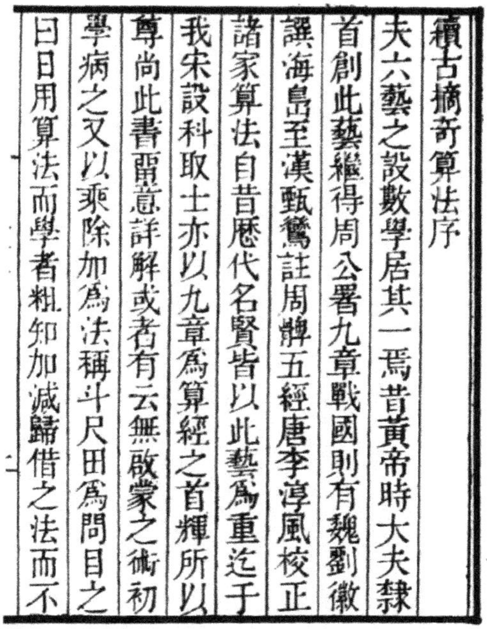
續古摘奇算法序
夫六藝之設數學居其一焉昔黄帝時大夫隸
首創此藝繼得周公署九章戰國則有魏劉徽
譔海島至漢甄鸞註周髀五經唐李淳風校正
諸家算法自昔歷代名賢皆以此藝爲重迄于
我宋設科取士亦以九章爲算經之首輝所以
尊尚此書留意詳解或者有云無啟蒙之術初
學病之又以乘除加爲法稱斗尺田爲問目之
曰日用算法而學者粗知加減歸借之法而不

图 21　《续古摘奇算法》知不足斋丛书局部

1.《乘除通变本末》

涉及农业经济问题的算题有 21 问，主要是均分、差分粮食，田亩面积，仓房容积。

涉及手工业经济问题的算题有 10 问，主要是丝布绫的手工制作。

涉及工程经济问题的算题有 1 问，是开渠。

涉及财政经济问题的算题有 9 问，主要是关于丝、布、绫的手工制作。

涉及金融经济问题的算题有 7 问，主要是货币换算。金钱互易例："金二百七十四两，每两二十四铢，问共几铢？"[①]银钱互易例："银二十四两七钱，每两价钱七贯三百六十文，问钱若干？"[②]

涉及贸易经济问题的算题有 31 问，主要是解钱利息、以钱易物、人

① 《杨辉算法・乘除通变本末》，郭书春主编：《中国科学技术典籍通汇・数学卷》，第一册，第 1053 页。
② 《杨辉算法・乘除通变本末》，郭书春主编：《中国科学技术典籍通汇・数学卷》，第一册，第 1053 页。

分钱币。解钱利息例："解钱九贯文，月利一分八毫，在库十一个月零十七日，问息钱若干？"[①]人分钱币例："三十一人分七千六百三十贯，问人得几何？"[②]

2.《田亩比类乘除捷法》

涉及农业经济问题的算题有45问，主要是田亩面积，田地类型主要是直田、牛角田、环田、腰坡田、箭筈田、箭翎田（第1083）、钱田等。其中，牛角田例："今有牛角田一段，角长一十六步，口阔六步，问田几何？"[③]腰坡田例："今有腰坡田，两头各广八步，中广四步，正从一十二步，问田几何？"[④]箭筈田例："台州量田围有箭筈田，两畔各长八步，中长四步，阔十二步，问田几何？"[⑤]箭翎田例："台州量田围有箭翎田，中长八步，东西两畔各长四步，阔一十二步，问田几何？"[⑥]

涉及金融经济问题的算题有2问，是银钱互易。

涉及贸易经济问题的算题有4问，主要是以钱易物、以金换物等。其中，以金换物例："以金换绢八百六十四匹，不知黄金一两元换绢几匹，但云元金总两与每两所换匹数较之，则两多知匹十二，今先问元金几两？"[⑦]

涉及军事经济问题的算题有5问，主要是方圆箭。例："方箭外围三十二只，问共箭几只？"[⑧]

3.《续古摘奇算法》

涉及农业经济问题的算题有11问，主要是田亩面积，田地类型主要有

---

① 《杨辉算法·乘除通变本末》，郭书春主编：《中国科学技术典籍通汇·数学卷》，第一册，第1050页。

② 《杨辉算法·乘除通变本末》，郭书春主编：《中国科学技术典籍通汇·数学卷》，第一册，第1068页。

③ 《杨辉算法·田亩比类乘除捷法》，郭书春主编：《中国科学技术典籍通汇·数学卷》，第一册，第1078页。

④ 《杨辉算法·田亩比类乘除捷法》，郭书春主编：《中国科学技术典籍通汇·数学卷》，第一册，第1081页。

⑤ 《杨辉算法·田亩比类乘除捷法》，郭书春主编：《中国科学技术典籍通汇·数学卷》，第一册，第1083页。

⑥ 《杨辉算法·田亩比类乘除捷法》，郭书春主编：《中国科学技术典籍通汇·数学卷》，第一册，第1083页。

⑦ 《杨辉算法·田亩比类乘除捷法》，郭书春主编：《中国科学技术典籍通汇·数学卷》，第一册，第1087页。

⑧ 《杨辉算法·田亩比类乘除捷法》，郭书春主编：《中国科学技术典籍通汇·数学卷》，第一册，第1082页。

直田、圭田、环田、弧田、梯田等。

涉及工程经济问题的算题有 2 问，是有关开河的算题。

涉及金融经济问题的算题有 2 问，是有关银钱互易的算题。

涉及贸易经济问题的算题有 11 问，主要是以钱易物、均分钱币。其中，以钱易物主要是绢、丝织品、手工品。

十五　《算学启蒙》

《算学启蒙》（图 22），三卷，元朱世杰撰，大德己亥年（1299 年）由赵元镇刊于扬州。朱世杰，字汉卿，自号松庭，生平不详，还著有《四元玉鉴》三卷。《算学启蒙》分上中下三卷，凡二十门，二百五十九问。涉及四则运算、开方、天元术及垛积等多方面的数学内容。该书由浅入深，是一部很好的启蒙读物。

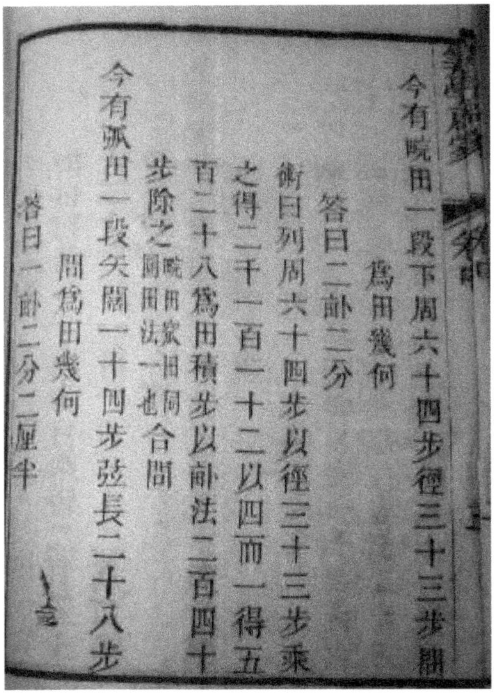
今有畹田一段下周六十四步徑三十三步問
爲田幾何
答曰二畝二分
術曰列周六十四步以徑三十三步乘
之得二千一百一十二以四而一得五
百二十八爲田積步以畝法二百四十
步除之畹田宛田同圓田法一也合問
今有弧田一段矢闊一十四步弦長二十八步
問爲田幾何
答曰一畝二分二厘半

图 22　《算学启蒙》清刻本局部

《算学启蒙》涉及农业经济问题的算题有47问，主要是田亩所收粮食、粮食加工、贮存粮食、人分粮食、田亩面积，田地的类型有畹田、三斜田、梭田、方正斜七八角田等。其中，田亩所收粮食例："今有稻九万斛，每田一亩收稻五斛七斗六升，问田几何？"[①]粮食加工例："今有粟一十九硕六斗八合，欲为糙细二米，糙米八升用粟一斗，细米五升一合二勺用粟一斗，须令糙米倍之细米之数，问各几何？"[②]贮存粮食例："今有仓一所，自方二丈四尺，深一丈，问粟几何？"[③]

涉及手工业经济问题的算题有21问，主要是芝麻压油、手工织锦、炼盐、粮食加工，如小麦磨面、豆磨粉。如芝麻压油例："今有芝麻六硕八斗四升，每斗压油三斤一十二两，问压油几何？"[④]

涉及工程经济问题的算题有12问，主要是穿地积、开河、量城高、筑坝、筑圆城、建方亭、建圆亭等。

涉及财政经济问题的算题有12问，主要是御米、田亩纳税、按户等纳税、课银。如课银例："今有银二万七千三百五十四两，欲为课银，每铤五十两，问为几铤？"[⑤]

涉及金融经济问题的算题有3问，主要是金钱换算。例："今有金银一百铤，直钱一千七百二贯七百五十文，只云金一铤之价买银七铤，二色两价差七百五十文，问金银及两价各几何？"[⑥]

涉及贸易经济问题的算题有102问，主要是典钱、久钱还银、分息钱、查盐、以物易物、以钱易物（主要易丝织品、香料、食材、木材、粮食、牛羊马鸡兔等）。如典钱例："今有人典钱二百三十六贯，每贯月利三十五文，

---

① （元）朱世杰撰：《算学启蒙》卷上，郭书春主编：《中国科学技术典籍通汇·数学卷》，第一册，第1139页。

② （元）朱世杰撰：《算学启蒙》卷上，郭书春主编：《中国科学技术典籍通汇·数学卷》，第一册，第1145页。

③ （元）朱世杰撰：《算学启蒙》卷中，郭书春主编：《中国科学技术典籍通汇·数学卷》，第一册，第1151页。

④ （元）朱世杰撰：《算学启蒙》卷上，郭书春主编：《中国科学技术典籍通汇·数学卷》，第一册，第1132页。

⑤ （元）朱世杰撰：《算学启蒙》卷上，郭书春主编：《中国科学技术典籍通汇·数学卷》，第一册，第1135页。

⑥ （元）朱世杰撰：《算学启蒙》卷中，郭书春主编：《中国科学技术典籍通汇·数学卷》，第一册，第1155页。

今七个月九日，问利钱几何？”[①]欠钱还银例：“今有人欠钱一千九百五十八贯，欲还二分银一分钱，其银每两折钱五贯，问各还几何？”[②]分息钱例：“今有甲乙丙共分息钱四十五贯三十六文，甲元钱五十八贯，乙元钱四十五贯，丙元钱三十六贯，问各分息钱几何？”[③]查盐例：“今有甲乙丙相合查盐，甲三千六百五十引，乙二千一百五十引，丙一千九百五十引，今盐不敷止，查得四千六百五十引，问各人分盐几何？”[④]

涉及军事经济问题的算题有 7 问，主要是军士支粮、支布帛、方圆箭等。

《算学启蒙》初刊于元大德三年（1299 年），惜国内早已失传。现存版本中以日本筑波大学所藏 15 世纪朝鲜世宗时期的铜活字本为最早。中国国家图书馆藏有清道光十九年（1839 年）罗士琳刊本。

---

① （元）朱世杰撰：《算学启蒙》卷上，郭书春主编：《中国科学技术典籍通汇·数学卷》，第一册，第 1141 页。
② （元）朱世杰撰：《算学启蒙》卷上，郭书春主编：《中国科学技术典籍通汇·数学卷》，第一册，第 1143 页。
③ （元）朱世杰撰：《算学启蒙》卷中，郭书春主编：《中国科学技术典籍通汇·数学卷》，第一册，第 1156 页。
④ （元）朱世杰撰：《算学启蒙》卷中，郭书春主编：《中国科学技术典籍通汇·数学卷》，第一册，第 1157 页。

十六 《四元玉鉴》

《四元玉鉴》(图 23)，三卷，元朱世杰撰，初版于元大德七年(1303 年)。明代后几乎失传，且《四元玉鉴》的主要内容（即四元术）也成绝学。直至清朝嘉庆初年，阮元才从浙江访得《四元玉鉴》，因而开启了清代研究注释《四元玉鉴》的黄金时代。20 世纪以来，《四元玉鉴》不断被介绍到日本、美国及欧洲各国，遂引起世界科技史学界的高度关注。

《四元玉鉴》的主要成就是四元术，即四元高次方程组的建立和求解方法。线性方程组古已有之，在朱世杰以前，天元术已得到高速发展，于是便出现了把天元术与线性方程组结合起来，建立多元高次方程组的趋势。《四元玉鉴》凡二十四门，二百八十八问，所有问题都与方程或方程组有关。题目顺序大体是先方程后方程组，先线性方程组后高次方程组。

《四元玉鉴》涉及农业经济问题的算题有 79 问，主要是求田亩面积、贮存粮食。

涉及手工业经济问题的算题有 6 问，主要是手工织布、酿酒、涂漆等。其中，酿酒例："务前听得语云，云新熟醇醨共一盆，醇酒一升醉三客，醨酒三升醉一人，都来共饮十二斗，座中醉倒五十人，借问四方能算者，几多醨酒几多醇？"[①]涂漆例："今有木圆球一只，径一尺八寸，欲令漆之，先用布鞔布阔二尺，问用布长几何？"[②]锯木例："今有圆材径三尺，只云锯深三

---

① （元）朱世杰撰：《四元玉鉴》卷中，郭书春主编：《中国科学技术典籍通汇·数学卷》，第一册，第 1239 页。

② （元）朱世杰撰：《四元玉鉴》卷下，郭书春主编：《中国科学技术典籍通汇·数学卷》，第一册，第 1264 页。

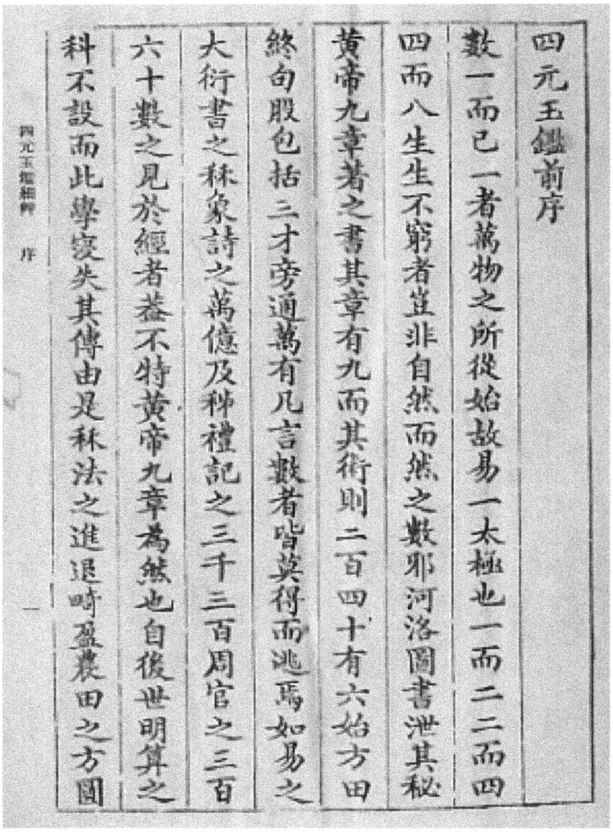

四元玉鑑前序

數一而已一者萬物之所從始故易一太極也一而二二而四四而八生生不窮者豈非自然而然之數耶河洛圖書泄其秘黄帝九章著之書其章有九而其術則二百四十有六始方田終句股包括三才旁通萬有凡言數者皆莫得而逃焉如易之大衍書之秝象詩之萬億及秭禮記之三千三百周官之三百六十數之見於經者蓋不特黄帝九章為然也自後世明算之科不設而此學寖失其傳由是秝法之進退畸盈農田之方圓

四元玉鑑細艸　序　一

图 23　《四元玉鉴》清刻本局部

寸，问锯道长几何？”[①]

涉及工程经济问题的算题有 7 问，主要是筑圆城、修仰观台、建方台、筑龙尾堤。如筑龙尾堤例：“今有造龙尾堤一所，只云高多上广二尺，如下广三分之二高并上广自乘不及袤九十六尺，每人日程常积二十九尺，用徒一千八百四十人，限一日役毕，问堤上下广及高袤各几何？”[②]

涉及贸易经济问题的算题有 17 问，主要是以物易物、赎解本钱、以钱易物（主要是以钱易丝织品、水果）。如赎解本钱例：“今有人来赎解本多利

① （元）朱世杰撰：《四元玉鉴》卷下，郭书春主编：《中国科学技术典籍通汇·数学卷》，第一册，第 1264 页。

② （元）朱世杰撰：《四元玉鉴》卷上，郭书春主编：《中国科学技术典籍通汇·数学卷》，第一册，第 1223 页。

少难评，共收四贯，别无零说破源流，即省本利，各于方毕并之与日相停，若还相减甚分明四十文差余？”[①]

涉及军事经济问题的算题有 11 问，主要是方圆箭、招兵。如招兵例：“今有官司依平方招兵，初段方面四尺，次日方面转多二尺，每人日给银一两二钱，已招兵四千九百五十六人，支银二万六千四十两，问招来几日？”[②]

《算学启蒙》刊刻后迅速传入朝鲜和日本，其中朝鲜李朝从 14 到 16 世纪都将其作为全国的统一教科书，其为朝鲜造就了几十代数学学者。在日本，人们把《算学启蒙》奉为圭臬，并涌现出了久田玄哲的《算学启蒙训点》（1658 年）、星野实宣的《新编算学启蒙注解》（1672 年），以及建部贤弘的《算学启蒙谚解大全》（1609 年）等一大批高水平的研究著作。

① （元）朱世杰撰：《四元玉鉴》卷中，郭书春主编：《中国科学技术典籍通汇·数学卷》，第一册，第 1240 页。
② （元）朱世杰撰：《四元玉鉴》卷中，郭书春主编：《中国科学技术典籍通汇·数学卷》，第一册，第 1249 页。

十七　《透帘细草》

《透帘细草》(图 24)，作者及成书年代均不详，亦不见序跋。该书今无足本，其内容来源有三：一是 1814 年鲍廷博从《永乐大典》部分卷帙中辑出的五十四个题目刻入“知不足斋丛书”的《透帘细草》残卷，与杨辉《续古摘奇算法》《丁巨算法》合订一册；一是现存《永乐大典》卷 16343 所抄录的十二个题目，和卷 16344 所抄录的五个题目共十七题；一是清莫友芝所录《诸家算法》的十三个题目。

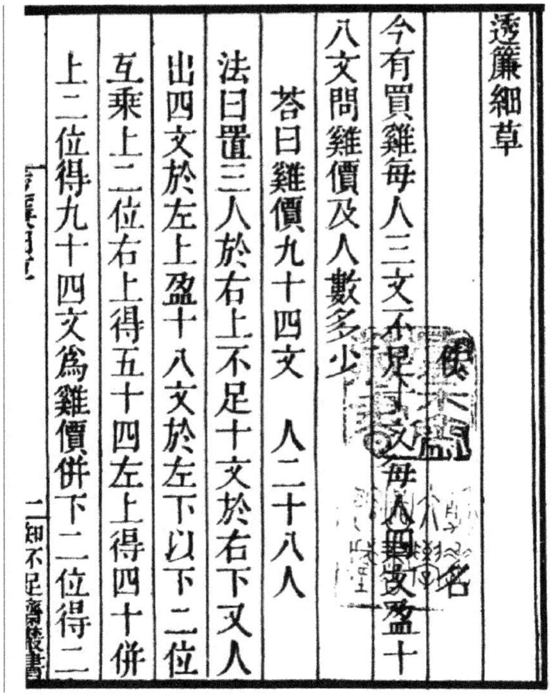
透簾細草
今有買雞每人三文不足十文每人四文盈十
八文問雞價及人數多少
荅曰雞價九十四文　人二十八人
法曰置三人於右上不足十文於右下又人
出四文於左上盈十八文於左下以下二位
互乘上二位右上得五十四左上得四十併
上二位得九十四文爲雞價併下二位得二
二　知不足齋叢書

图 24　《透帘细草》知不足斋丛书局部

《透帘细草》涉及手工业经济问题的算题有 3 问，主要是织布、织绢、染布。

涉及工程经济问题的算题有 3 问，主要是筑造方、圆台，筑方锥。

涉及财政经济问题的算题有 2 问，主要是纳粮。

涉及金融经济问题的算题有 2 问，主要是铸钱。

涉及贸易经济问题的算题有 24 问，主要是以物易物、以钱易物（主要是购买粮食、绢帛、鸡等）。

涉及军事经济问题的算题有 6 问，主要是方圆箭、军士支衫绢。书中问题多采用“一问一答一法一草”的体例形式来编写，如军士支衫绢例：“兵士三千四百七十四人，每三人支汗衫绢七十尺，每四人支袴绢五十尺，问共支几何应用？”①

算题内容都比较浅显实用，显然是一部流传于民间的商业数学教育书。

① 《透帘细草》，郭书春主编：《中国科学技术典籍通汇・数学卷》，第一册，第 1289 页。

十八　《丁巨算法》

《丁巨算法》（图 25），八卷，丁巨撰于元至正十五年（1355 年）。丁巨，元人，生平不详，不伍科举，用心于算术，“上自九章，下至小法，数十百家，摘取要略，述算法八卷，以今俗称，欲知古法”。现传本残缺，不足一卷，六十二问，清中叶收入《知不足齐业书》，内容涉及盈不足、方程、垛积、仓窖及各种粟布、斤称问题。

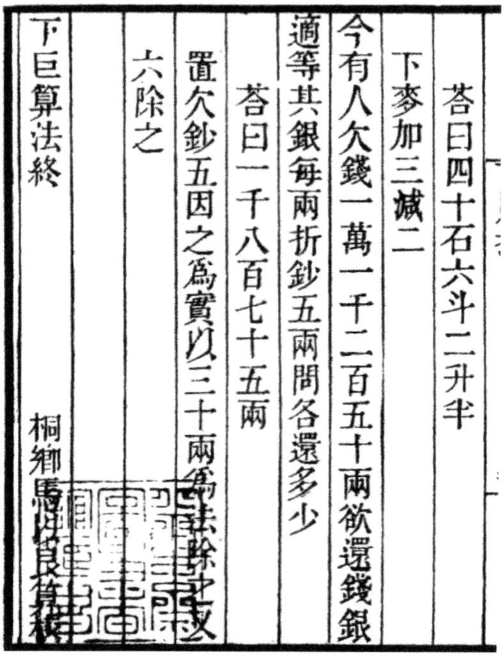
荅曰四十石六斗二升半
下麥加三減二
今有人欠錢一萬一千二百五十兩欲還錢銀
適等其銀每兩折鈔五兩問各還多少
荅曰一千八百七十五兩
置欠鈔五因之爲實以三十兩爲法
六除之

丁巨算法終　桐鄉

图 25　《丁巨算法》知不足斋丛书局部

《丁巨算法》涉及农业经济问题的算题有 1 问，是收粮。收粮例："今有收粮二千四百八十七石五斗八升六合八勺为无耗粮，欲于每石内豁除耗粮六升，问纳正粮及耗粮各几何？"①

涉及手工业经济问题的算题有 3 问，主要是染布、织布、炼丝。如织布例："今有纹锦局织暗花二百六十七匹三丈五尺七寸，每匹用净丝一斤三两，问用丝几斤？"②

涉及财政经济问题的算题有 11 问，主要是纳税粮、正耗、纳税钱、官粜米、包俸银等。如包俸银例："今有包俸银八百七十五锭，每锭带纳一两五钱，问带纳多少？"③

涉及金融经济问题的算题有 7 问，主要是金钞互换、金银互换。如金钞互换例："今有沙金一百三十一两，每铢卖钞一两二钱五分，问金几铢卖钞几何？"④金银互换例："今有银七百八十九锭三十七两半，买金每两价三锭，问几两？"⑤

涉及贸易经济问题的算题有 27 问，主要是以钱易日常消费品（易布、易米、易盐、易药沙、易甘草、易面）、贷款等。如还钱例："今有人欠钱一万一千二百五十两，欲还钱银适等，其银每两折钞五两，问各还多少？"⑥

涉及军事经济问题的算题有 3 问，主要是军人引力。如军人引力例："今有壮军一名，弱军二名，老军三名，各拖船一只，皆载八十石至滩下，俱不得上，若壮军借弱军一名，弱军借老军一名，老军借壮军一名，皆得上滩，问壮弱老军各力拖几何？"⑦

---

① （元）丁巨撰：《丁巨算法》，郭书春主编：《中国科学技术典籍通汇·数学卷》，第一册，第 1304 页。
② （元）丁巨撰：《丁巨算法》，郭书春主编：《中国科学技术典籍通汇·数学卷》，第一册，第 1313 页。
③ （元）丁巨撰：《丁巨算法》，郭书春主编：《中国科学技术典籍通汇·数学卷》，第一册，第 1311 页。
④ （元）丁巨撰：《丁巨算法》，郭书春主编：《中国科学技术典籍通汇·数学卷》，第一册，第 1309 页。
⑤ （元）丁巨撰：《丁巨算法》，郭书春主编：《中国科学技术典籍通汇·数学卷》，第一册，第 1310 页。
⑥ （元）丁巨撰：《丁巨算法》，郭书春主编：《中国科学技术典籍通汇·数学卷》，第一册，第 1314 页。
⑦ （元）丁巨撰：《丁巨算法》，郭书春主编：《中国科学技术典籍通汇·数学卷》，第一册，第 1302 页。

十九 《算法全能集》

《算法全能集》(图 26)，二卷，题“长沙贾亨类编”。贾亨，《永乐大典》作贾通，字季通，关于他的身世迄今一无所知。清《学部图书馆善本书目》以书中说“锭”说“钞”合于《元史·食货志》，定为元时书。

《算法全能集》涉及农业经济问题的算题有 32 问，主要是田亩面积、长、阔等，贮存粮食（贮存的方式主要有方仓、圆仓、倚墙壁、平地等）。如倚墙壁例：“今有倚壁内角聚米，下周一丈五尺，高一丈四尺四寸，问该米几何？”①

涉及手工业经济问题的算题有 4 问，主要是织绢。

涉及工程经济问题的算题有 9 问，主要是筑墙、筑台、筑堤、开渠等。

涉及财政经济问题的算题有 10 问，主要是纳税粮。

涉及金融经济问题的算题有 2 问，主要是办金。如办金例：“今有金户一百零五名，共办金八十九两二钱五分，问每户该金几何？”②

涉及贸易经济问题的算题有 53 问，主要是以物易物，以钱易面、芝麻、绢布、粮食等。

涉及军事经济问题的算题有 2 问，主要是分军粮、分布绢等。如军士分粮食例：“今有军六百名，分粮三百九十四石二斗，问每人该粮几何？”③

---

① （元）贾亨撰：《算法全能集》，郭书春主编：《中国科学技术典籍通汇·数学卷》，第一册，第 1339 页。

② （元）贾亨撰：《算法全能集》，郭书春主编：《中国科学技术典籍通汇·数学卷》，第一册，第 1321 页。

③ （元）贾亨撰：《算法全能集》，郭书春主编：《中国科学技术典籍通汇·数学卷》，第一册，第 1324 页。

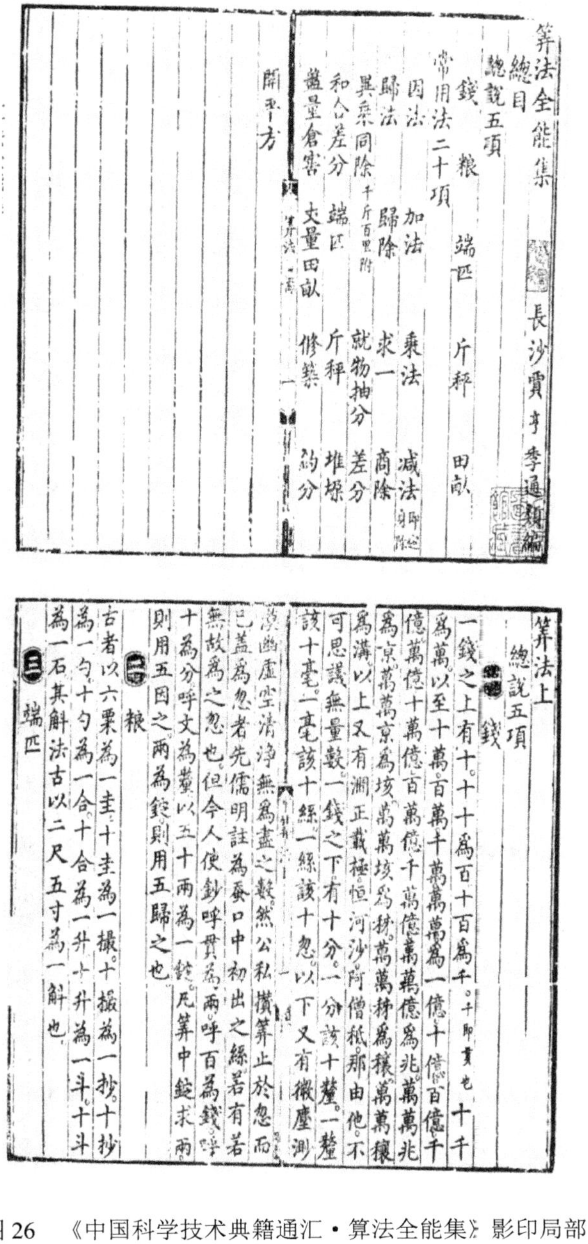
算法全能集　長沙賈亨季通編

總目

總說五項

錢　粮　端匹　斤秤　田畝

常用法二十項

因法　加法　乘法　減法

歸法　歸除　求一　商除

異乘同除（千斤百里附）　就物抽分　差分

和合差分　端匹　斤秤　堆垛

盤量倉窖　丈量田畝　修築　約分

開平方

算法上

總說五項

錢

一錢之上有十十十為百十百為千（千即貫也）十千為萬以至十萬百萬千萬萬萬為一億十億百億千億萬億十萬億百萬億千萬億萬萬億為兆萬萬兆為京萬萬京為垓萬萬垓為秭萬萬秭為穰萬萬穰為溝以上又有澗正載極恒河沙阿僧祇那由他不可思議無量數一錢之下有十分一分該十釐一釐該十毫一毫該十絲一絲該十忽以下又有微塵渺漠幽虛空清淨無為盡之數然公私權筭止於忽而已蓋為忽者先儒明註為蚕口中初出之絲若有若無故為之忽也但今人使鈔呼貫為兩呼百為錢呼十為分呼文為釐以五十兩為一錠凡筭中錠求兩則用五因之兩為錠則用五歸之也

粮

古者以六粟為一圭十圭為一撮十撮為一抄十抄為一勺十勺為一合十合為一升十升為一斗十斗為一石其斛法古以二尺五寸為一斛也

端匹

图 26　《中国科学技术典籍通汇·算法全能集》影印局部

二十　《详明算法》

《详明算法》(图 27)，二卷，卷首有安止斋序。安止斋，生平籍贯不详。安止斋当时的刊刻已不传，现存明洪武六年（1373 年）春庐陵李氏明经堂刻本，藏日本内阁文库。卷上为九章名数、大小数进位法、九九表、度量衡制度、乘除见总算预备知识，以及因法、加法、乘法、归法、减法、归除、

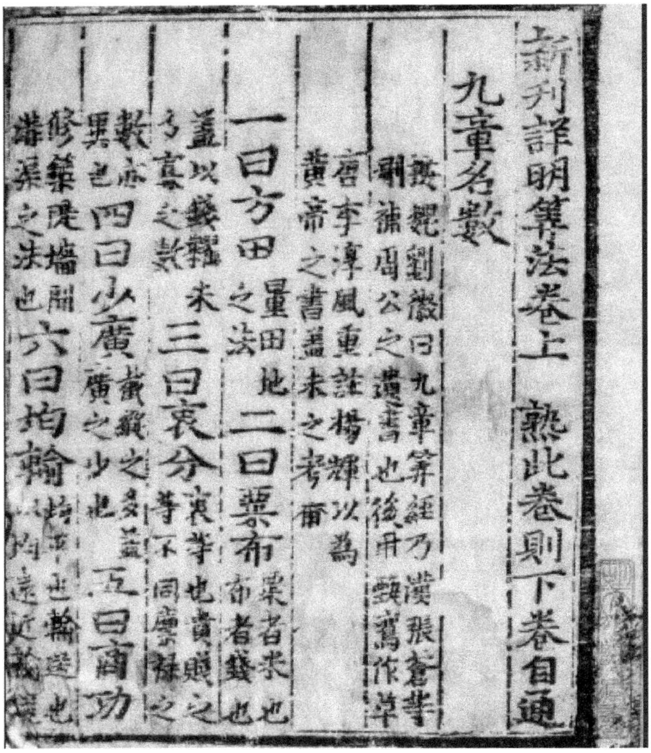
新刊詳明算法卷上　熟此卷則下卷自通
九章名數
按魏劉徽曰九章算經乃漢張蒼等刪補周公之遺書也後世隸首作算
唐李淳風重註楊輝以為黄帝之書蓋未之考爾
一曰方田 量田地之法 二曰粟布 粟者米也布者錢也
蓋以錢糴米多寡之數 三曰衰分 衰等也貴賤之等不同廩祿之數
者也異也 四曰少廣 廣者縱之多廣之少也 五曰商功
修築隄墻開溝渠之法也 六曰均輸 均平也輸遞也以內遠近

图 27　《详明算法》明洪武六年（1373 年）刻局部

求一、商除、约分等各种筹算捷算法、口诀及例题，凡十六类。卷下为异乘同除、就物抽分、差分、和合差分、端匹、斤料、堆垛、盘量仓窖、丈量田亩、田亩纽粮、修筑等十一类应用题，共一百一十四问。

《详明算法》涉及农业经济问题的算题有22问，主要是众人分粮、贮存粮食、田亩面积等。如眉田例："今有眉田上周二十七步，下周二十五步，中径六步，问该田几何？"[①]覆月田例："今有覆月田，又弧矢田阔二十四步，径十二步，问该田几何？"[②]

涉及手工业经济问题的算题有2问，是炼丝和织绢。

涉及工程经济问题的算题有9问，主要是造水叶、筑墙、筑台、筑堤、开渠等。如造水叶例："今有造水叶一十一万六千九百七十二片，每百片用铁一秤零六斤零八两，问该铁几何？"[③]

涉及财政经济问题的算题有12问，主要是税粮，关税，官配米、银等。如关税例："元有银一千七百二十八两，出关税之九而取一，已税了银二百两，却贴得钞一百两，今将银五十八两卖之，问该钞几何？"[④]

涉及金融经济问题的算题有5问，主要是金户办金、银钞互换等。如金户炼金例："今有金户一百零五名，共办金八十九两二钱五分，问每户该金几何？"[⑤]

涉及贸易经济问题的算题有63问，主要是以钱易物（易米、易丝织品、易米面、易麻等）。如以钱易米例："今有米二百七十八石六斗粜之，假令每石价钞二两，问该钞几何？"[⑥]

涉及军事经济问题的算题有2问，是有关军士分粮和用衫绢方面的题材。

---

① （元）安止斋撰：《详明算法》卷下，郭书春主编：《中国科学技术典籍通汇·数学卷》，第一册，第1393页。

② （元）安止斋撰：《详明算法》卷下，郭书春主编：《中国科学技术典籍通汇·数学卷》，第一册，第1393页。

③ （元）安止斋撰：《详明算法》卷下，郭书春主编：《中国科学技术典籍通汇·数学卷》，第一册，第1388页。

④ （元）安止斋撰：《详明算法》卷下，郭书春主编：《中国科学技术典籍通汇·数学卷》，第一册，第1373页。

⑤ （元）安止斋撰：《详明算法》卷下，郭书春主编：《中国科学技术典籍通汇·数学卷》，第一册，第1366页。

⑥ （元）安止斋撰：《详明算法》卷上，郭书春主编：《中国科学技术典籍通汇·数学卷》，第一册，第1354页。

二十一　《永乐大典算法》

《永乐大典》将自汉讫明初的算书分类抄人事韵算字条，是为《永乐大典算法》(图28)。

《永乐大典算法》涉及农业经济问题的算题有9问，主要是田亩面积、长、阔等。

涉及手工业经济问题的算题有2问，是织丝、手工制作。

涉及财政经济问题的算题有6问，主要是官支钞、纳税等。如官支钞例："今有官支钞一十两八钱，买丝二十四斤，若有钞三十五锭三十七两四钱，问买丝几斤？"①

涉及金融经济问题的算题有1问，是赤金值。

涉及贸易经济问题的算题有29问，主要是以钱易物、以物易物、客分银、借贷等。如客分银例："今有李客出银一十二两三钱六分，张客出银一十九两六钱四分，共三十二两，营运折了七两，今只有二十五两，问各人合分银几何？"②借贷例："今有贷人千钱，月息三十，今有贷人七百五十钱，九日归之，问息几何？"③

涉及军事经济问题的算题有4问，主要是军事补给，补给酱、盐等生活品。

---

① 《永乐大典算法》，《永乐大典》卷26343，郭书春主编：《中国科学技术典籍通汇·数学卷》，第一册，第1403页。

② 《永乐大典算法》，《永乐大典》卷26343，郭书春主编：《中国科学技术典籍通汇·数学卷》，第一册，第1404页。

③ 《永乐大典算法》，《永乐大典》卷26343，郭书春主编：《中国科学技术典籍通汇·数学卷》，第一册，第1408页。

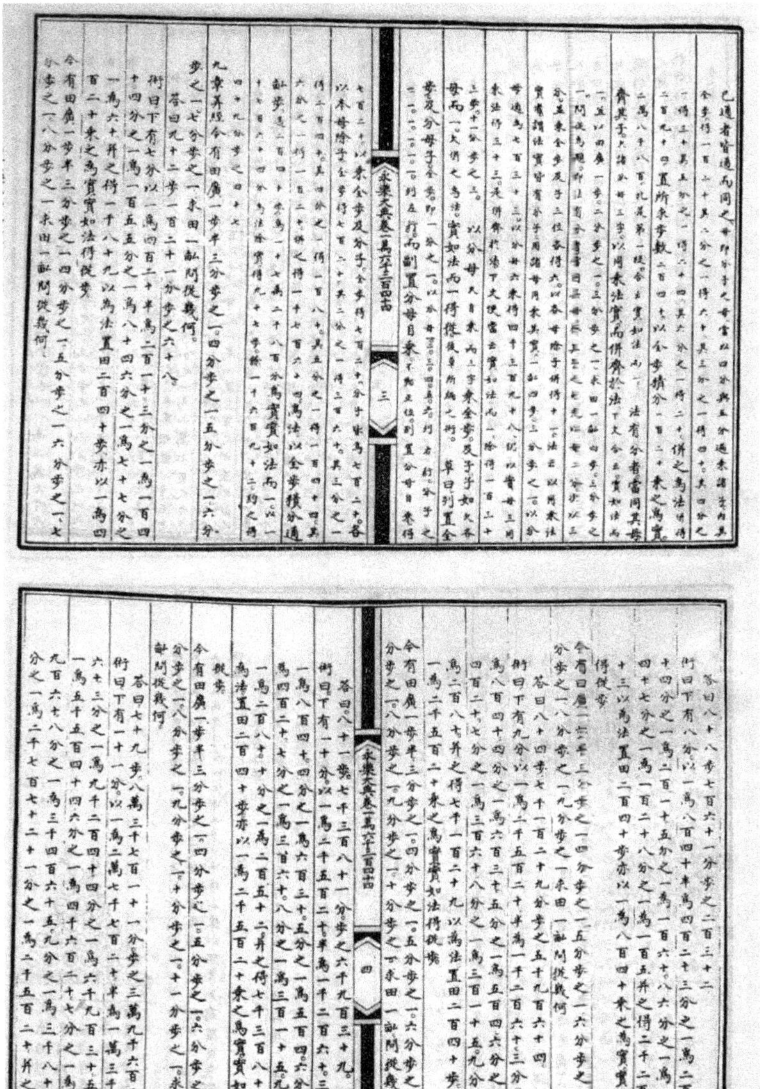

图 28 《永乐大典算法》影印局部

二十二　《诸家算法及序记》

《诸家算法及序记》（图 29），无卷数，原名《算法杂录》，抄本，系独山（今贵州省独山县）莫友芝（1811—1871 年）子绳孙旧藏本。李俨于 1912 年在上海收得，遂改此名。日本学者城地茂先生称它“是开始近代的数学史研究以来，最有名的抄本之一”[①]。全书分算题与序记两部分，均有他书未著录者，堪称秘籍。算题部分都是有关于斤称的，先列出诸书所载斤称制度及化两为斤歌诀。

《诸家算法及序记》涉及手工经济问题的算题有 3 问，主要是染布、织丝。

涉及财政经济问题的算题有 4 问，主要是课银等。

涉及金融经济问题的算题有 4 问，主要是炼金等。如炼金例：“今有三色金共二十两，内九分色四两，七分色七两，五分色九两，欲通熔炼，问合得分数若干？”[②]

涉及贸易经济问题的算题有 23 问，主要是以钱易物（易丝织品、易日常生活食用品，如黑砂糖、白砂糖等）。

今中国科学院自然科学史研究所图书馆藏有《诸家算法及序记》的抄本，系从《永乐大典》“筭”字第 16361 卷中辑出。

① 〔日〕城地茂：《清代抄本〈诸家算法〉初探》，龙村倪、叶鸿灑主编：《第四届科学史研究会集刊》，台北：“中央研究院”科学史委员会，1996 年，第 33 页。
② 《诸家算法及序记》，郭书春主编：《中国科学技术典籍通汇・数学卷》，第一册，第 1443 页。

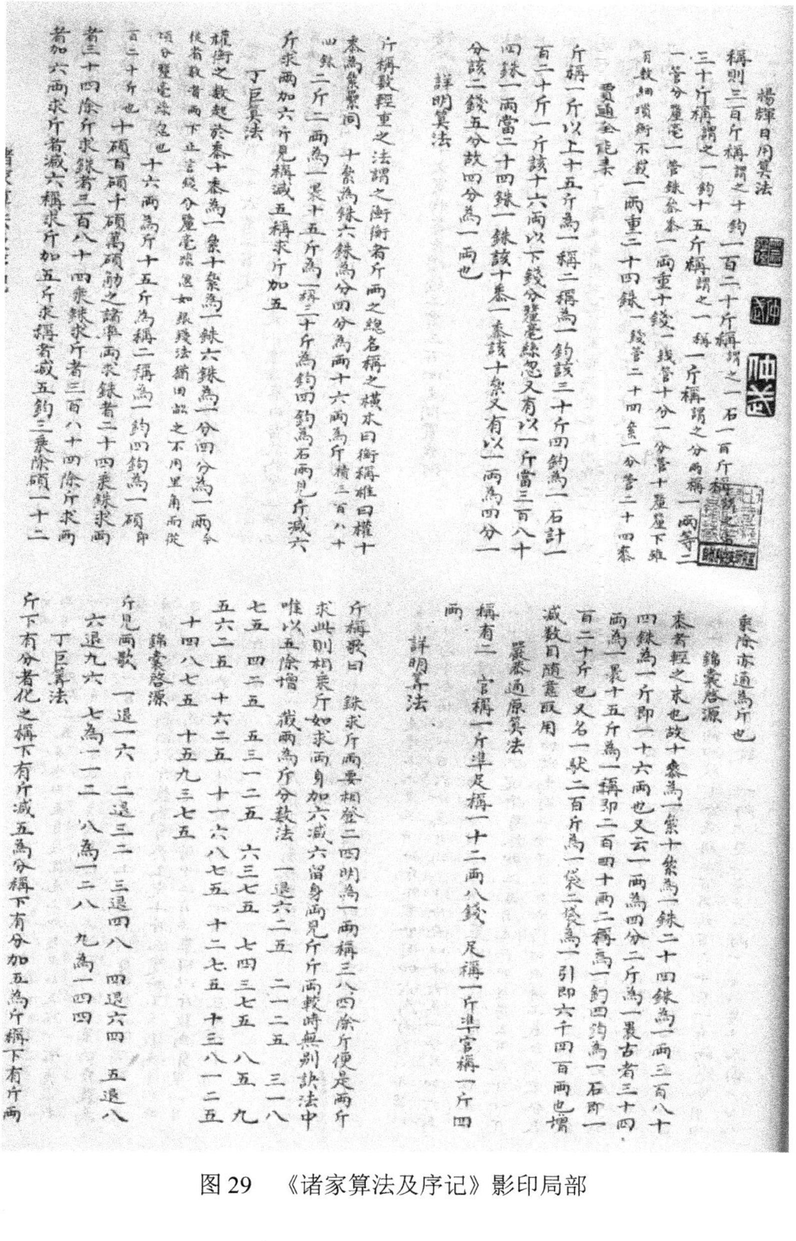

揚輝日用算法

稱則三百斤稱謂之十鈞一百二十斤稱謂之一石一百斤稱
三十斤稱謂之一鈞十五斤稱謂之一稱一斤稱謂之分兩稱一兩等二
一管分釐毫一管銖絫黍一兩重十錢一錢管十分一分管十釐釐下雖
有數細瑣衡不載一兩重二十四銖一銖管二十四絫一分管二十四黍

貫通金能集

斤稱一斤以上十五斤為一稱二稱為一鈞該三十斤四鈞為一石計一
百二十斤一斤該十六兩以下錢分釐毫絲忽又有以一斤當三百八十
四銖一兩當二十四銖一銖該十黍一黍該十絫又有以一兩為四分一
分該二錢五分故四分為一兩也

詳明算法

斤稱數輕重之法謂之衡衡者斤兩之總名稱之橫木曰衡稱雅曰權十
黍為絫絫同 十絫為銖六銖為分四分為兩十六兩為斤積三百八十
四銖二斤二兩為一裹十五斤為一稱三十斤為鈞四鈞為石兩見斤減六
斤求兩加六斤見稱減五稱求斤加五

丁巨算法

權衡之數起於黍十黍為一絫十絫為一銖六銖為一分四分為一兩令
從者數者兩下止言錢分釐毫絲忽如飛錢法猶田畝之不用里角而從
頃分釐毫絲忽也 十六兩為斤十五斤為稱二稱為一鈞四鈞為一碩即
百二十斤也 十碩百碩千碩萬碩觔之諸準兩求銖者二十四乘銖求兩
者三十四除斤求銖者三百八十四乘銖求斤者三百八十四除斤求兩
者加六兩求斤者減六稱求斤加五斤求稱者減五鈞三乘除碩一十二
乘除亦通為斤也

錦囊啓源

黍者輕之末也故十黍為一絫十絫為一銖二十四銖為一兩三百八十
四銖為一斤即一十六兩也又云一兩為四分二斤為一裹古者三十四
兩為一裹十五斤為一稱即二百四十兩二稱為一鈞四鈞為一石即一
百二十斤也又名一馱二百斤為一袋二袋為一引即六千四百兩也增
減數目隨意取用

嚴恭通原算法

稱有二 官稱一斤準足稱一十二兩八錢 足稱一斤準官稱一斤四
兩

詳明算法

斤稱歌曰 銖求斤兩要相登二四明為一兩稱三八四除斤便是兩斤
求此則相乘斤如求兩身加六減六留身兩見斤斤兩較時無別訣法中
唯以五除增 截兩為斤分數法 一退六二五 二一二五 三一八
七五 四二五 五三一二五 六三七五 七四三七五 八五 九
五六二五 十六二五 十一六八七五 十二七五 十三八一二五
十四八七五 十五九三七五

錦囊啓源

斤見兩歌 一退一六 二退三二 三退四八 四退六四 五退八
六退九六 七為一一二 八為一二八 九為一四四

丁巨算法

斤下有分者化之稱下有斤減五為分稱下有分加五為斤稱下有斤兩

图 29 《诸家算法及序记》影印局部

二十三　《九章算法比类大全》

《九章算法比类大全》（图 30），又称《九章详注比类算法大全》，凡十一卷，明景泰元年（1450 年）吴敬撰。吴敬，字信民，号主一翁。浙江仁和（今杭州市）人，生平不详。《九章算法比类大全》卷首“乘除开方起例”列举计数法，度量衡制度、名词解释、四则运算及乘除捷算口诀、开方法则，以及若干例题，是为全书的预备知识。卷一到卷九仍按《九章算术》的九章名目方田、粟米、衰分、少广、商功、均输、盈不足、方程、勾股分类。据《九章算法比类大全》可以探知贾宪细草和杨辉详解所佚部分的某些内容。《九章算法比类大全》共新增一千二百问，全书凡一千四百余问。《九章算法比类大全》既使用筹算，也提到了珠算。

《九章算法比类大全》涉及农业经济问题的算题有 243 问，主要是收米、分米、贮存粮食（主要有方仓、圆仓、方窖、平地尖堆米）。田亩面积、田亩的主要类型有直田、圆田、圭田、箕田、半梯田、畹田、箭筈田、箭翎田、丘田、火塘田、船田、六角田、八角田、幞头田、磬田、凹田、榄核田、杖股田、锭田等。其中，盆田例：“今有盆田下周二十四步，径一十六步，问为田几何？”[①]火塘田例：“今有火塘田外方一十二步，内圆径六步，问为田几何？”[②]船田例：“今有船田头阔一十步，中阔一十五步，尾阔八步，正长六十步，问为田几何？”[③]幞头田例：“今有幞头田，东长六十步，南阔一十

① （明）吴敬撰：《九章算法比类大全·方田》，郭书春主编：《中国科学技术典籍通汇·数学卷》，第二册，第 66 页。
② （明）吴敬撰：《九章算法比类大全·方田》，郭书春主编：《中国科学技术典籍通汇·数学卷》，第二册，第 67 页。
③ （明）吴敬撰：《九章算法比类大全·方田》，郭书春主编：《中国科学技术典籍通汇·数学卷》，第二册，第 67 页。

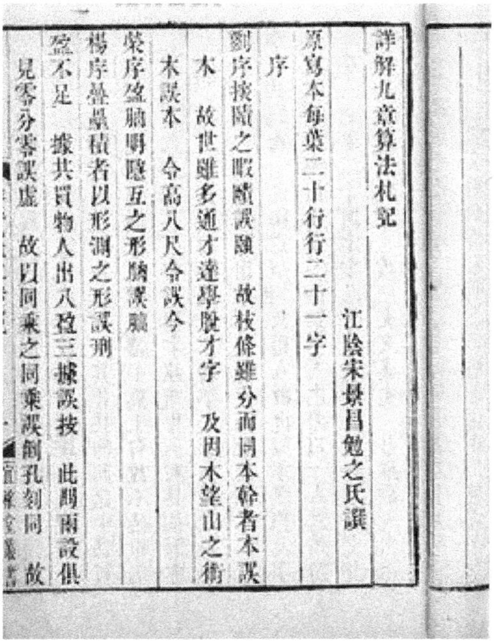

詳解九章算法札記　江陰宋景昌勉之氏譔

原寫本每葉二十行行二十一字

序

劉序探賾之暇賾誤隨　故枝條雖分而同本幹者本誤木　故世雖多通才達學脫才字　及因木望山之術木誤本　令高八尺令誤今

榮序盈朒隱互之形朒誤朒

楊序疊積者以形訓之形誤刑

盈不足　據其買物人出八盈三據誤按　此問兩設俱見零分零誤虛　故以同乘之同乘誤剬孔剬同　故

宜稼堂叢書

图 30　《九章算法比类大全》清道光本局部

八步，西长二十七步，又南阔一十五步，问为田几何？”[①]榄核田例：“今有榄核田三角，正中长一十六步三十三分步之三十二，右边周一十八步，左边半周九步，问为田几何？”[②]凹田例：“今有凹田下周一百八十六步，径七十二步，问为田几何？”[③]勾月田例：“今有勾月田外弯一百七十二步，半内弯一百二十七步，半径二十一步，问为田几何？”[④]磬田例：“今有磬田内曲一十四步，外曲二十二步，两头各阔四步，问为田几何？”[⑤]曲尺田例：“今有曲尺田东长五十步，南阔六步，北长四十步，西阔八步，问为田几何？”[⑥]鞋

① （明）吴敬撰：《九章算法比类大全・方田》，郭书春主编：《中国科学技术典籍通汇・数学卷》，第二册，第 68 页。

② （明）吴敬撰：《九章算法比类大全・方田》，郭书春主编：《中国科学技术典籍通汇・数学卷》，第二册，第 72 页。

③ （明）吴敬撰：《九章算法比类大全・方田》，郭书春主编：《中国科学技术典籍通汇・数学卷》，第二册，第 72 页。

④ （明）吴敬撰：《九章算法比类大全・方田》，郭书春主编：《中国科学技术典籍通汇・数学卷》，第二册，第 72 页。

⑤ （明）吴敬撰：《九章算法比类大全・方田》，郭书春主编：《中国科学技术典籍通汇・数学卷》，第二册，第 68 页。

⑥ （明）吴敬撰：《九章算法比类大全・方田》，郭书春主编：《中国科学技术典籍通汇・数学卷》，第二册，第 68 页。

底田例："今有鞋底田头阔一十七步，腰阔一十四步，尾阔一十五步，底长四十八步，问为田几何？"[①]墙田例："今有墙田方周七百二十步，问为田几何？"[②]杖股田例："今有杖股田南北阔二十五步，中阔二十步，正长五十步，问为田几何？"[③]锭田例："今有锭田正中长三十六步，两头各周二十七步，两曲各二十七步，四面两角相空径二十四步，问为田几何？"[④]锭腰田例："今有锭腰田正中两角相去，斜长二十四步，四面曲各周一十八步，四面两角相去空径十六步三十三分步之三十二，问为田几何？"[⑤]平地尖堆米例："今有平地尖堆米，下周三丈九尺，高四尺，问容米几何？"[⑥]还有三例关于赔偿的，特在此列出。例一："牛马羊食人苗，主责之粟五斗，羊食马之半，马食牛之半，欲衰偿之？"[⑦]例二："王留伴哥沙三相呼在山中，放畜在池塘，共六马九驴十五个绵羊，共食践田禾一方，要赔偿六石九斗，精粮共议商量，若要停当，驴抵三羊，两个马抵三个驴强，问先生大小赔偿？"[⑧]例三："八马九牛十四羊赶在村南趚草场，践了正家一叚谷，议定赔他六石粮，牛二只比一羊四牛二马可赔偿，若还算得无差错，姓字超群到处扬！"[⑨]

《九章算法比类大全》涉及手工业经济问题的算题有34问，主要是菜籽压油、米磨面、舂米、细换麻布、借布、采地、炼丝、织丝䌷、粉墙等。如舂米例："今有糙米四百五十石舂得白米三百七十八石，只有糙米七十六

① （明）吴敬撰：《九章算法比类大全·方田》，郭书春主编：《中国科学技术典籍通汇·数学卷》，第二册，第68页。
② （明）吴敬撰：《九章算法比类大全·方田》，郭书春主编：《中国科学技术典籍通汇·数学卷》，第二册，第68页。
③ （明）吴敬撰：《九章算法比类大全·方田》，郭书春主编：《中国科学技术典籍通汇·数学卷》，第二册，第69页。
④ （明）吴敬撰：《九章算法比类大全·方田》，郭书春主编：《中国科学技术典籍通汇·数学卷》，第二册，第70页。
⑤ （明）吴敬撰：《九章算法比类大全·方田》，郭书春主编：《中国科学技术典籍通汇·数学卷》，第二册，第71页。
⑥ （明）吴敬撰：《九章算法比类大全·商功》，郭书春主编：《中国科学技术典籍通汇·数学卷》，第二册，第200页。
⑦ （明）吴敬撰：《九章算法比类大全·衰分》，郭书春主编：《中国科学技术典籍通汇·数学卷》，第二册，第126页。
⑧ （明）吴敬撰：《九章算法比类大全·衰分》，郭书春主编：《中国科学技术典籍通汇·数学卷》，第二册，第157页。
⑨ （明）吴敬撰：《九章算法比类大全·衰分》，郭书春主编：《中国科学技术典籍通汇·数学卷》，第二册，第158页。

石，问该春白米几何？”[①]借布例：“今有借布一端长五丈二尺，阔二尺一寸，今无原布所还只有常行布，阔一尺六寸，问合还长几何？”[②]粮易布例：“二斗精粮为率换绵六两？时，若言七两换新丝九两絮，依商市客米五石七斗三升，依买俱齐照依分数细推之，绵二丝三絮四？”[③]粉墙例：“家有粉墙一丈六，墙头斜倚一杆木，将木离墙八尺，地木倒墙根恰齐足，不知杆子几多长？”[④]

《九章算法比类大全》涉及工程经济问题的算题有42问，主要是造仰观台，建方亭，圆亭，筑墙，筑堤，筑城，开河，穿渠，筑堰等。如筑堰例：“今有筑堰上广一丈四尺，下广二丈二尺，高三丈二尺，长一百六十丈，每人自穿运筑一日，当积六十四尺，令一千八百人筑之，问几日毕？”[⑤]

《九章算法比类大全》涉及财政经济问题的算题有54问，主要是官输米、纳税粮、舶税、税钞、关税、夏税、国家雇工等。如国家雇工例：“今有官差夫二百五十名，令五区照粮多寡均差，甲区粮一千五百七十五石，乙区粮一千四百二十五石，丙区粮一千三百五十石，丁区粮一千一百二十五石，戊区粮七百七十五石，问各区差夫几何？”[⑥]官派木炭例：“今有官派木炭一万六千八百二十秤九斤六两，令三等九甲人户出之，各户额分不等验数派纳，问每户各几何？”[⑦]舶税例：“客持胡椒九驼，曾经两次抽分舶司，九一不饶人，关内征商更紧，十六分中求二税，讫放过关门九百五十九斤，存要见原持试问？”[⑧]

---

① （明）吴敬撰：《九章算法比类大全·粟米》，郭书春主编：《中国科学技术典籍通汇·数学卷》，第二册，第96页。

② （明）吴敬撰：《九章算法比类大全·粟米》，郭书春主编：《中国科学技术典籍通汇·数学卷》，第二册，第113页。

③ （明）吴敬撰：《九章算法比类大全·粟米》，郭书春主编：《中国科学技术典籍通汇·数学卷》，第二册，第116页。

④ （明）吴敬撰：《九章算法比类大全·勾股》，郭书春主编：《中国科学技术典籍通汇·数学卷》，第二册，第285页。

⑤ （明）吴敬撰：《九章算法比类大全·商功》，郭书春主编：《中国科学技术典籍通汇·数学卷》，第二册，第197页。

⑥ （明）吴敬撰：《九章算法比类大全·衰分》，郭书春主编：《中国科学技术典籍通汇·数学卷》，第二册，第130页。

⑦ （明）吴敬撰：《九章算法比类大全·衰分》，郭书春主编：《中国科学技术典籍通汇·数学卷》，第二册，第139页。

⑧ （明）吴敬撰：《九章算法比类大全·均输》，郭书春主编：《中国科学技术典籍通汇·数学卷》，第二册，第225页。

《九章算法比类大全》涉及金融经济问题的算题有35问，主要是金银与钞互换，炼金、银、铜等。

《九章算法比类大全》涉及贸易经济问题的算题有318问，主要是以钱易物（如易米、易面、易丝织品、易食材、易药材，药材主要有杏仁、甘草、桂皮、胡椒等）、本息钱、分钱、以物易物（主要是稻换盐、米换油蜜茶盐面等）。如买素布例："素一匹一丈价钱六百二十五，今有钱五百，问得素几何？"①取保例："今有取保一百六十九日二十五分日之二十三，该钞一贯二百文，问一岁该钞几何？"②田息例："假田初岁三亩一钱，次年四亩一钱，后年五亩一钱，凡三岁收息一百，问田几何？"③雇车脚钱例："今有雇车一辆行道一千里，载重一千二百斤，与钞七贯五百文，今添重四百九十二斤，与钞六贯七百六十八文，问合行道几何？"④

《九章算法比类大全》涉及军事经济问题的算题有19问，主要是军士支粮、支布绢、方圆箭、武器制作、筑寨等。如造箭例："造箭一人为竿三十只，一人为羽五十只，一人为筈一十五只，今令一人一日自造竿羽筈，问成箭几何？"⑤筑寨例："今有兵士二十二万八千四百八十名，筑圆寨一所，每五十六名为一小队，外圆周二十四步，每一千一百二十名为一中队，每队指挥一员，千户二员，百户一十员，每二万二千八百四十名为一大队，每队都督一员，都指挥两员，其所居之地大将军中军帐用一十三队数，都督每员用四队数，都指挥每员用二队数，指挥每二员合一队数，千户每三员合一队数，百户每四员合一队数，每队亦照前外圆围二十四步，问共该几队积若干步，并外周几队圆围若干步及管军头目员数队积各几何？"⑥

① （明）吴敬撰：《九章算法比类大全·衰分》，郭书春主编：《中国科学技术典籍通汇·数学卷》，第二册，第128页。

② （明）吴敬撰：《九章算法比类大全·衰分》，郭书春主编：《中国科学技术典籍通汇·数学卷》，第二册，第150页。

③ （明）吴敬撰：《九章算法比类大全·均输》，郭书春主编：《中国科学技术典籍通汇·数学卷》，第二册，第211页。

④ （明）吴敬撰：《九章算法比类大全·均输》，郭书春主编：《中国科学技术典籍通汇·数学卷》，第二册，第221页。

⑤ （明）吴敬撰：《九章算法比类大全·均输》，郭书春主编：《中国科学技术典籍通汇·数学卷》，第二册，第211页。

⑥ （明）吴敬撰：《九章算法比类大全·少广》，郭书春主编：《中国科学技术典籍通汇·数学卷》，第二册，第298页。

二十四 《算学宝鉴》

《算学宝鉴》(图 31)，四十一卷，书名全称为《新集通证古今算学宝鉴》，明王文素（约 1465—？）撰，自序成于嘉靖三年（1524 年）。可惜，自成书后四百年间未见各收藏家及公私书目著录，此抄本不知何故长期流落于民间。直到 20 世纪 30 年代，由北京图书馆于旧书肆中偶然发现《新集通证古今算学宝鉴》四十一卷蓝格抄本六册，这部明代算书之精品才再现于世。

王文素，字尚彬，山西汾城人。《算学宝鉴》采集宋杨辉，明杜文高、夏泽源、金来朋诸家算法，加以编订。《算学宝鉴》卷 1 有“盘中定位”条，卷 5“众九相乘”解称：“用子甚多，算盘子少，乘则不便，既乘已毕，只动一子居下，余仍如故。”而卷 3 的“归法”，除有二归到九归的“撞归”口诀外，还增添了一归口诀及“两化为斤”的口诀。王文素擅长用歌诀形式普及数学知识，如《算学宝鉴》卷 1“九章名”第四云：“方田粟布与衰分，少广商功何处寻，更有均输盈不足，方程勾股法玄深。”[①]

学界公认，《算学宝鉴》系一部高水平的应用数学书，书中例举的米、肉、马、麻等价格资料应有尽有，船费、脚银、税种等经济史料不胜枚举，我们可以通过这些资料透视当时的社会生活。[②]

《算学宝鉴》涉及农业经济问题的算题有 330 问，主要是粟与粺米、粝米、糳米的互换，分米，贮存粮食，田亩面积，收粮等。田亩的主要类型除了与之前相同的，还有新见的田地，如井田、车辋田、腰鼓田、抹角田、

① （明）王文素撰：《算学宝鉴》，郭书春主编：《中国科学技术典籍通汇・数学卷》，第二册，第 335 页。

② 刘五然：《中国古代传统数学在明代并未失传》，《光明日报》2004 年 9 月 3 日。

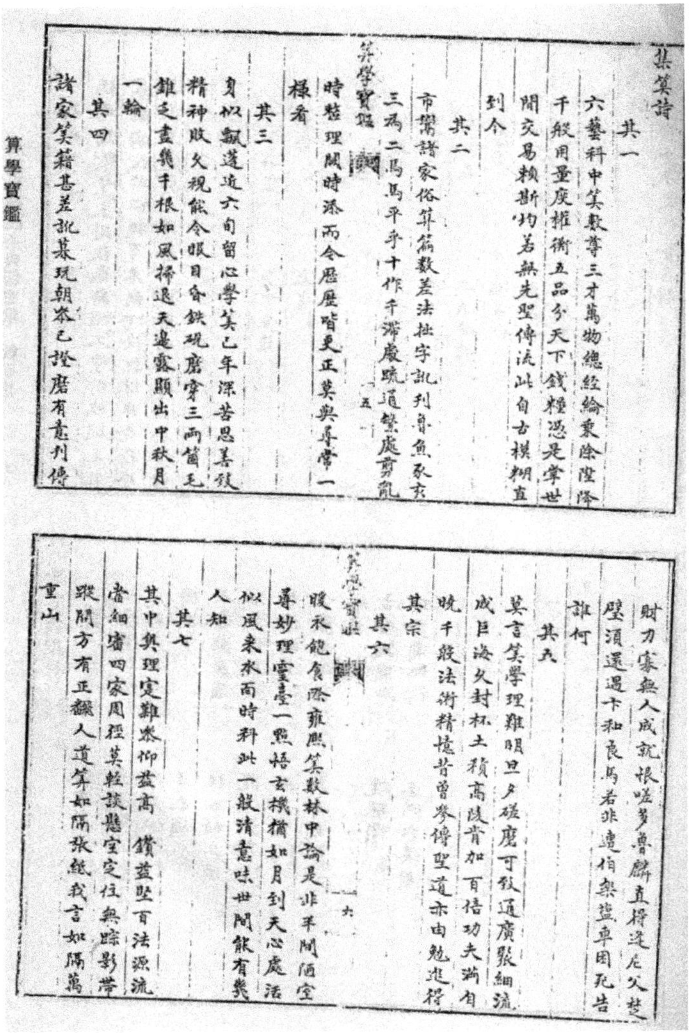
集筭詩
其一
六藝科中筭數尊三才萬物總經綸乘除陞降千般用量度權衡五品分天下錢糧憑是掌世間交易賴斯均若無先聖傳流此自古模糊直到今
其二
市闤諸家俗筭篇數差法拙字訛刋魯魚豕亥三爲二焉馬乎予十作千滯處疏通繁處剪亂時整理閑時添兩今歷歷皆更正莫與尋常一樣看
其三
身似飄蓬迹亦留心學筭已年深苦思甚致精神敗久視能令眼目昏鐵硯磨穿三兩箇毛錐乏盡幾千根如風掃退天邊霧顯出中秋月一輪
其四
諸家筭藉甚差訛某玩朝參已揣磨有意刋傳財力寡無人成就恨嗟蔔曹麟直得逢尼父楚璧須還遇卞和良馬若非逢伯樂鹽車困死告誰何
其五
莫言筭學理難明旦夕磋磨可致通廣聚細流成巨海久封杯土積高陵肯加百倍功夫渝有曉千般法術精憶昔曾參傳聖道亦由勉進得其宗
其六
暇來飽食際疏慵筭數林中論是非半閒陋室尋妙理靈臺一點悟玄機猶如月到天心處活似風來水面時料此一般清意味世間能有幾人知
其七
其中奧理實難參仰益高鑽益堅百法源流嘗細審四家周徑莫輕談懸空定位無蹤影帶縱開方有正飜人道筭如隔靴我言如隔萬重山

图 31 《算学宝鉴》影印局部

圆冢田等。其中，井田例：“井田外方三十六步，内方二十四步，问为田几何？”[①]车辋田例：“车辋田内湾二十五步，外湾三十五步，径阔十二步，问为田几何？”[②]腰鼓田例：“腰鼓田两头各广十步，腰广十四步，长四十步，

① （明）王文素撰：《算学宝鉴》卷 7，郭书春主编：《中国科学技术典籍通汇·数学卷》，第二册，第 440 页。
② （明）王文素撰：《算学宝鉴》卷 7，郭书春主编：《中国科学技术典籍通汇·数学卷》，第二册，第 440 页。

为田几何？”[①]抹角田例：“抹角田东长四十八步，西长四十步，南阔二十步，北阔三十步，问为田几何？”[②]圆冢田例：“圆冢田周三百六十步，径一百五十步，为田几何？”[③]

涉及手工业经济问题的算题有 13 问，主要是手工织绢、舂米、织绫、碾米、炼丝、染绢等。如碾米例：“成谷一石碾米六升六合六勺六抄，共碾米一千石，问原谷几何？”[④]

涉及工程经济问题的算题有 24 问，主要是开渠、筑城、筑堤、穿渠、筑墙、城邑大小、筑方亭等。

涉及财政经济问题的算题有 52 问，主要是税粮、收纳课税、均输粮、官俸、官支钱粮、支兵士银、就物抽分等。如就物抽分例：“今客有米三百五十石，每石价银五钱二分，雇船载之，每石船脚银四分，因无脚钱就于米内抽之，问船户主各该几何？”[⑤]

涉及金融经济问题的算题有 22 问，主要是金银与钱交换等，例：“赤金一两直钱四千文，白银一两直钱七百文，今有金三两七钱八分，问该银几何？”[⑥]金换铜钱例：“原有金七两，原换银四十两，原有银三两，原换铜钱二千文，今有铜钱二千四百文，问今换金几何？”[⑦]

涉及贸易经济问题的算题有 197 问，主要是以物易物、以钱易物（易粮食、易丝织品、易针、易布、易酒、易绢、易芝麻、易田亩、易菜豆、易药

① （明）王文素撰：《算学宝鉴》卷 7，郭书春主编：《中国科学技术典籍通汇·数学卷》，第二册，第 438 页。
② （明）王文素撰：《算学宝鉴》卷 7，郭书春主编：《中国科学技术典籍通汇·数学卷》，第二册，第 439 页。
③ （明）王文素撰：《算学宝鉴》卷 7，郭书春主编：《中国科学技术典籍通汇·数学卷》，第二册，第 454 页。
④ （明）王文素撰：《算学宝鉴》卷 5，郭书春主编：《中国科学技术典籍通汇·数学卷》，第二册，第 413 页。
⑤ （明）王文素撰：《算学宝鉴》卷 24，郭书春主编：《中国科学技术典籍通汇·数学卷》，第二册，第 680 页。
⑥ （明）王文素撰：《算学宝鉴》卷 11，郭书春主编：《中国科学技术典籍通汇·数学卷》，第二册，第 483 页。
⑦ （明）王文素撰：《算学宝鉴》卷 11，郭书春主编：《中国科学技术典籍通汇·数学卷》，第二册，第 490 页。

材）、分钱、二色互换等。如以钱买针例：“假有银八钱四分，每银二毫买针一个，问针几何？”[①]易菜豆例：“菜豆二百五十石，每三石一斗二升五合卖银一两，问该银几何？”[②]易田亩例：“钱二千七百四十六贯，田每亩二十贯，问共买几亩？”[③]分钱例：“假令二十四人均钱，各出四十一文三分文之二，问总钱数？”[④]分粟例：“三人均粟一石，欲令乙得甲七分之五，丙得乙四分之三，问各该几何？”[⑤]二色互换例：“原有银不知总数，均分一半置椒、一半置姜，且云花椒每驼即一百三十斤，价银三两一钱二分五厘，干姜六十四斤，价银一两，共买椒姜五千一百二十斤，问原银几何？椒姜该各多少？”[⑥]

涉及军事经济问题的算题有 16 问，主要是军士分粮、赏军士银、方圆箭、三角箭等。如三角箭例：“三角箭一束，外围二十七只，问共数几何？”[⑦]

① （明）王文素撰：《算学宝鉴》卷 2，郭书春主编：《中国科学技术典籍通汇·数学卷》，第二册，第 373 页。

② （明）王文素撰：《算学宝鉴》卷 4，郭书春主编：《中国科学技术典籍通汇·数学卷》，第二册，第 403 页。

③ （明）王文素撰：《算学宝鉴》卷 5，郭书春主编：《中国科学技术典籍通汇·数学卷》，第二册，第 410 页。

④ （明）王文素撰：《算学宝鉴》卷 11，郭书春主编：《中国科学技术典籍通汇·数学卷》，第二册，第 494 页。

⑤ （明）王文素撰：《算学宝鉴》卷 13，郭书春主编：《中国科学技术典籍通汇·数学卷》，第二册，第 516 页。

⑥ （明）王文素撰：《算学宝鉴》卷 13，郭书春主编：《中国科学技术典籍通汇·数学卷》，第二册，第 521 页。

⑦ （明）王文素撰：《算学宝鉴》卷 21，郭书春主编：《中国科学技术典籍通汇·数学卷》，第二册，第 637 页。

二十五　《勾股算术》

《勾股算术》（图 32），二卷，明顾应祥撰于嘉靖癸巳年（1533 年）。顾应祥，号箬溪道人，湖州吴兴（今属浙江省）人。《勾股算术》是一部关于勾股

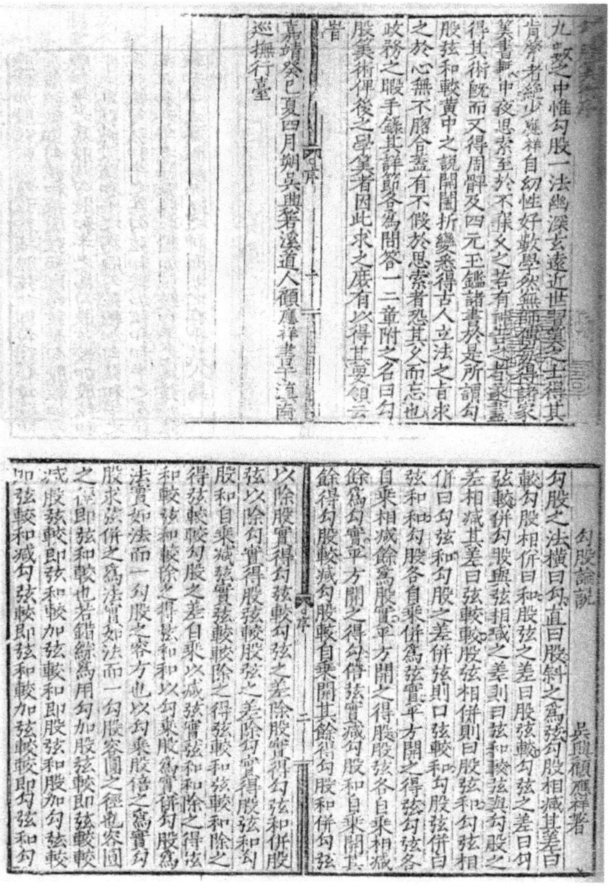
九數之中惟勾股一法幽深玄遠近世習算之士得其
肯綮者絕少應祥自幼性好數學然無師[illegible]得諸家
算書輒中夜思索至於不寐久之若有[illegible]之者蓋盡
得其術既而又得周髀及四元玉鑑諸書於是所謂勾
股弦和較黃中之說開闔折變悉得古人立法之旨求
之於心無不脗合蓋有不假於思索者恐其久而忘也
政務之暇手錄其詳節各為問答一二章附之名曰勾
股算術俾後之學算者因此求之庶有以得其要領云
旨
嘉靖癸巳夏四月朔吳興箬溪道人顧應祥書于滇南
巡撫行臺

勾股論說　吳興顧應祥著
勾股之法橫曰勾直曰股斜之為弦勾股相減其差曰
較勾股相併曰和股弦之差曰股弦較勾弦之差曰勾
弦較併勾股與弦相減之差則曰弦和較弦與勾股之
差相減其差曰弦較較股弦相併則曰股弦和勾弦相
併曰勾弦和勾股之差併弦則曰弦較和勾股弦併曰
弦和和勾股各自乘併為弦實平方開之得弦勾弦各
自乘相減餘為股實平方開之得股股弦各自乘相減
餘為勾實平方開之得勾併弦實減勾股和自乘開其
餘得勾股較減勾股較自乘開其餘得勾股和併勾弦
以除股實得勾弦較勾弦之差除股實得勾弦和併股
弦以除勾實得股弦較股弦之差除勾實得股弦和勾
股和自乘減弦實弦較較除之得弦較和弦較和除之
得弦較較勾股之差自乘以減弦實弦和和除之得弦
和較弦和較除之得弦和和以勾乘股為實併勾股為
法實如法而一勾股之容方也以勾乘股倍之為實勾
股求弦併之為法實如法而一勾股容圓之徑也容圓
之徑即弦和較也若錯綜為用勾加股弦較即弦較較
減股弦較即弦和較加弦較和即股弦和股加勾弦較
加弦較和減勾弦較即弦和較加弦較較即勾弦和勾

图 32　《勾股算术》影印局部

形解法及用勾股形测望的数学专著。书中有《勾股论说》一篇，系统介绍了勾、股、弦三边与三边和、三边差之间的各种关系及相互求法，给出了有关的四十个公式。顾应祥发展了《勾股步率》的问题，将速率与勾股形相结合。

《勾股算术》涉及农业经济问题的算题有 13 问，主要是田亩面积等。勾股田例："勾股田勾阔六十五步，斜量比直量多五步，问长几何？"[①]

《勾股算术》涉及工程经济问题的算题有 3 问，主要是城高、城邑大小。

① （明）顾应祥撰：《勾股算术》，郭书春主编：《中国科学技术典籍通汇·数学卷》，第二册，第 979 页。

二十六 《弧矢算术》

《弧矢算术》(图 33),一卷,明顾应祥撰于嘉靖三十一年(1552 年)。此书是中国传统数学中第一本有关弧矢方面的专著。其自序中说:"弧矢一术古今算法所载者绝少,钱塘吴信民《九章算法》止载一条,《四元玉鉴》所载数条,皆不言其所以然之故。"书中著有《弧矢论说》及《方圆论说》。《弧矢论说》是一篇对弧矢方面问题的总结,不仅给出了有关弧矢的各项定义及相互求法,还说明了弧矢和圆径的相互关系,并由此给出了计算弧矢的理论依据。书中各题为圆径、矢、弧背、截积互求问题。值得一提的是圆径与截积求矢一术,通过与勾股类比并用圆外接正方形与圆形相较,得出一个四次方程,并以开带从三乘方法求解之。此书较全面地介绍了弧矢术中各种计算方法,对弧矢术的发展起了承上启下的作用。

《弧矢算术》中涉及农业经济问题的算题有 2 问,是求田面积、矢阔。两个例题,其一:"圆田一段,西边被水浸入,一弧弦长二十步,外残周五十三步,问矢阔田径田积?"[①]其二:"圆田水浸,一弧弦长七十二步,外有残周一百九十步八分,问矢阔?"[②]

① (明)顾应祥撰:《弧矢算术》,郭书春主编:《中国科学技术典籍通汇·数学卷》,第二册,第 1092 页。
② (明)顾应祥撰:《弧矢算术》,郭书春主编:《中国科学技术典籍通汇·数学卷》,第二册,第 1093 页。

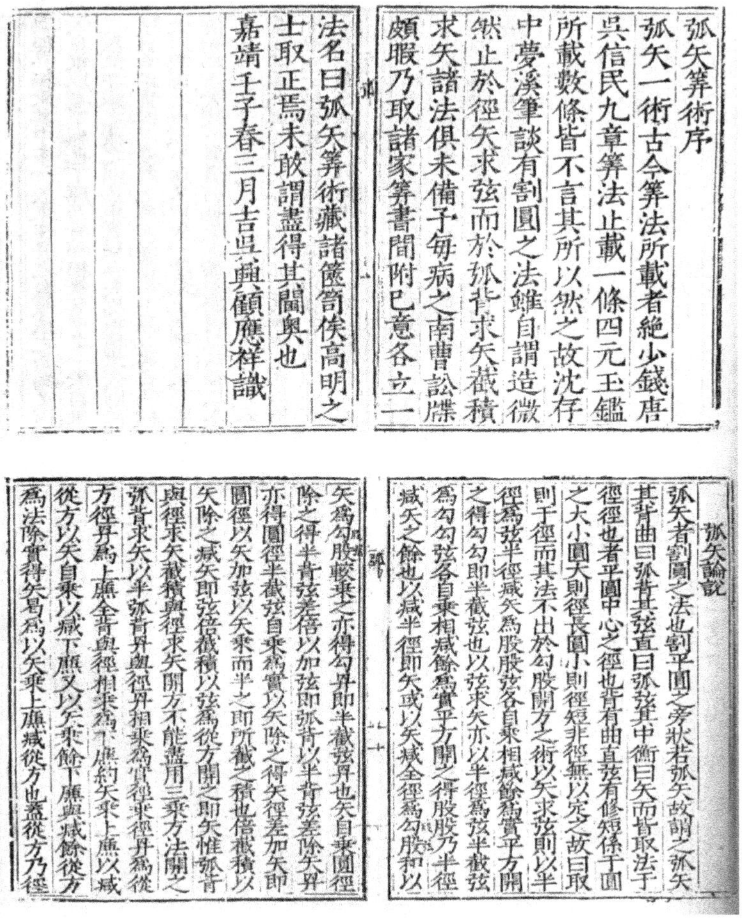

弧矢筭術序

弧矢一術古今筭法所載者絶少錢唐吳信民九章筭法止載一條四元玉鑑所載數條皆不言其所以然之故沈存中夢溪筆談有割圓之法雖自謂造微然止於徑矢求弦而於弧背求矢截積求矢諸法俱未備予每病之南曹訟牒頗暇乃取諸家筭書間附已意各立一法名曰弧矢筭術藏諸篋笥俟高明之士取正焉未敢謂盡得其閫奥也

嘉靖壬子春三月吉吳興顧應祥識

弧矢論說

弧矢者割圓之法也割平圓之旁狀若弧矢故謂之弧矢其背曲曰弧背其弦直曰弧弦其中衡曰矢而皆取法于徑徑也者平圓中心之徑也背有曲直弦有修短係于圓之大小圓大則徑長圓小則徑短非徑無以定之故曰取則于徑而其法不出於勾股開方之術以矢求弦則以半徑爲弦半徑減矢爲股股弦各自乘相減餘爲實平方開之得勾勾即半截弦也以弦求矢亦以半徑爲弦半截弦爲勾勾弦各自乘相減餘爲實平方開之得股股乃半徑減矢之餘也以減半徑即矢或以矢減全徑爲勾股和以矢爲勾股較乘之亦得勾冪即半截弦冪也矢自乘圓徑除之得半背弦差倍以加弦即弧背以半背弦差除矢冪亦得圓徑半截弦自乘爲實以矢除之得矢徑差加矢即圓徑以矢加弦以矢乘而半之即所截之積也倍截積以矢除之減矢即弦倍截積以弦爲從方開之即矢惟弧背與徑求矢截積與徑求矢開方不能盡用三乘方法開之弧背求矢以半弧背冪與徑冪相乘爲實徑乘徑冪爲從方徑冪爲上廉全背與徑相乘爲下廉約矢乘上廉以減從方以矢自乘以減下廉又以矢乘餘下廉與減餘從方爲法除實得矢冪爲以矢乘上廉減從方也蓋從方乃徑

图 33 《弧矢算术》影印局部

二十七 《盘珠算法》

《盘珠算法》(图 34)，全名《新刻订正家传秘诀盘珠算法士民利用》，明徐心鲁撰，成书于 1573 年。此书为方便平民百姓而作，内容多涉及商业贸易，反映了当时的社会情况。此书凡二卷，卷 1 是珠算口诀及其他实用的计算法，包括隶首上诀、退法要诀、归法总诀、乘法、归除法诀、归除乘法式等。卷 2 为实际问题，如田制的实用算术。书中有珠算盘图式，共九排，上一珠，下五珠，中间用木隔开，与日本的算盘一致。《盘珠算法》的"上法""退法"口诀，即为珠算的加减口诀，如"隶首上诀""上法"为"一上一，一下五除四，一退九进一十。二上二，二下五除三，二退八进一十"等。"退法要诀"为"一退一，一退十还九，一上四退五；二退二，二退十还八，一上四退五"[①]等。作为珠算书，《盘珠算法》对因法、归法作了说明。除了比较详细介绍珠算的加减乘除口诀外，此书还有很多实际例子，如卷 2 列出了各种土地的形状及商业交换的题目。书中介绍了"算垛诀法"即算术级数问题，以及"铺地锦""一掌金手图"等，还引入当时迷信的"算孕妇生男生女诀法"。

《盘珠算法》涉及农业经济问题的算题有 16 问，主要是田亩收稻、贮存粮食、田亩面积等。

涉及财政经济问题的算题有 1 问，是课银。

---

① （明）徐心鲁撰：《盘珠算法》，郭书春主编：《中国科学技术典籍通汇・数学卷》，第二册，第 1142 页。

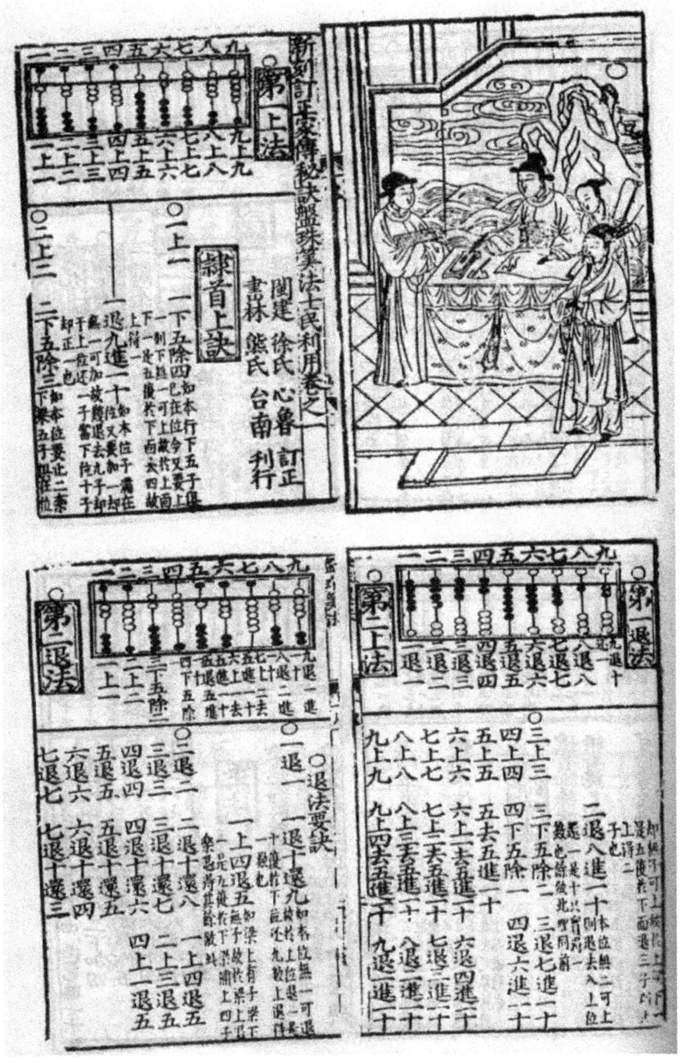

图 34 《盘珠算法》影印局部

涉及贸易经济问题的算题有 9 问，主要是分银等。

二十八　《数学通轨》

《数学通轨》(图 35)，全名为《曲礼外集补学礼六艺附录数学通轨》集之十五，明柯尚迁撰，成书于万历六年(1578 年)，是徐心鲁《盘珠算法》之后最早介绍珠算的著作之一。此书分四部分：第一部分为“算学须知”，含数原、初定算盘图式、九九上法语、九九进退图式、习数法语、习九九总念歌、九归总歌法语、九归因乘法语、九归重演法语、撞归法语、还原法语、因法、乘法、九九上进下退法语图式、九因九归总歌等；第二部分为“归除诠要”，含因归除乘义、加法、减法、金蝉法义、九归分数、九因法总数、定身除法、加法、归除法分数、乘法等；第三部分为“九章释例”，按九章分类；第四部分为“九章总义”，主要是顾应祥《测圆海镜》序论及唐顺之有关数学的论述。“数原”主要是叙述数学的起源，“初定算盘图式”为珠算盘图。

《数学通轨》涉及农业经济问题的算题有 15 问，主要是分米等。如赔偿例：“八马九牛十四羊，放在村南牧草场，咬了人家一圈麦，议定共赔六石粮，牛二只比羊一只，四马三牛可赔偿，羊比牛一倍、马比牛多倍，请问世间高算手，羊，马各有几多粮？”[①]

涉及财政经济问题的算题有 3 问，主要是纳粮、纳税粮。

涉及贸易经济问题的算题有 24 问，主要是以钱易物、雇佣劳动等。如雇佣劳动例：“原雇工人挑八十斤，行路一百里，脚银六分，今挑一百五十斤，行路四百里，总该脚价银若干？”[②]

---

① (明)柯尚迁撰：《数学通轨》，郭书春主编：《中国科学技术典籍通汇·数学卷》，第二册，第 1203—1204 页。

② (明)柯尚迁撰：《数学通轨》，郭书春主编：《中国科学技术典籍通汇·数学卷》，第二册，第 1199 页。

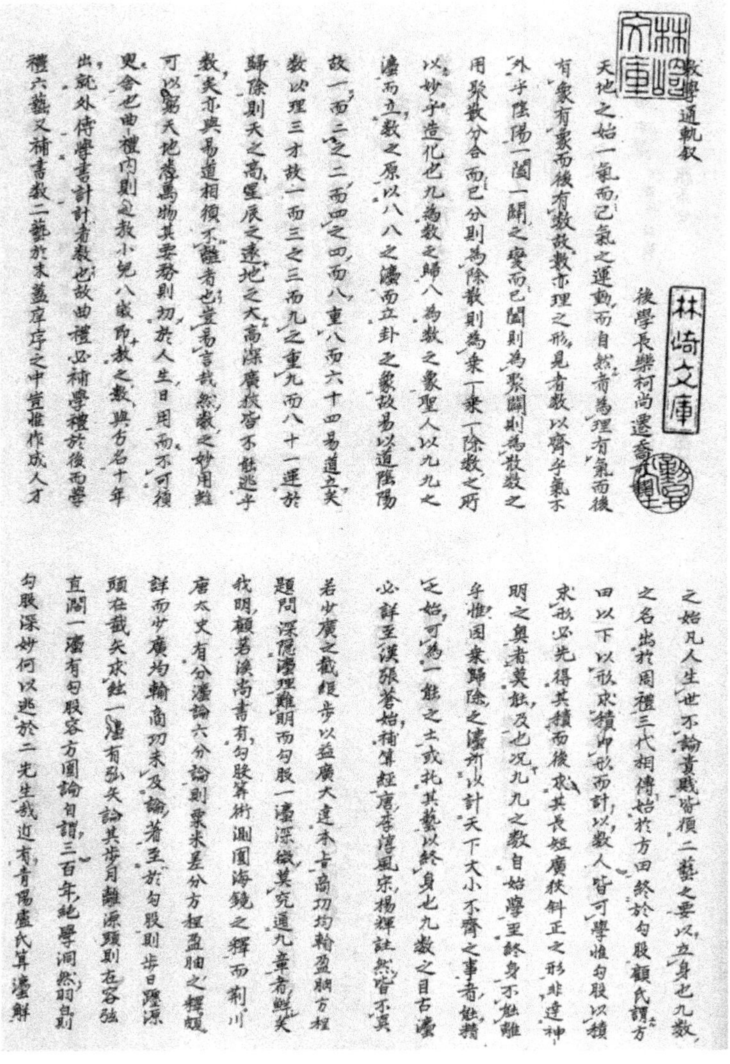

數學通軌叙

後學長樂柯尚遷斋甫

天地之始一氣而已氣之運動而自然者為理有氣而後有象有象而後有數故數亦理之形見者數以齊乎氣不外乎陰陽一闔一闢之變而已闔則為聚闢則為散數之用聚散分合而已分則為除散則為乘一乘一除數之所以妙乎造化也九為數之歸八為數之象聖人以九九之法而立數之原以八八之法而立卦之象故易以道陰陽故一而二之二而四之四而八重八而六十四易道立矣數以理三才故一而三之三而九之重九而八十一運於歸除則天之高星辰之遠地之大高深廣狹皆不能逃乎數矣亦與易道相須不離者也豈易言哉然數之妙用雖可以窮天地萬物其要務則切於人生日用而不可須臾舍也曲禮內則之教小兒八歲而教之數與方名十年出就外傅學書計計者數也故曲禮必補學禮於後而學禮六藝又補書數二藝於末蓋庠序之中豈惟作成人才

之始凡人生世不論貴賤皆須二藝之要以立身也九數之名出於周禮三代相傳始於方田終於句股顧氏謂方田以下以形求積以形而計以數人皆可學惟句股以積求形必先得其積而後求其長短廣狹斜正之形非達神明之奧者莫能及也况九九之數自始學至終身不能離乎惟因乘歸除之法所以計天下大小不齊之事者能精之始可為一能之士或托其藝以終身也九數之目古法必詳至漢張蒼始補算經唐李淳風宋楊輝註然皆不異若少廣之截縱步以益廣大遠本古商功均輸盈朒方程題問深隱法理難明而句股一法深微莫究通九章者鮮矣我明顧若溪尚書有句股算術測圓海鏡之釋而荊川唐太史有分法論六分論則粟米差分方程盈朒之釋頗詳而少廣均輸商功未及論著至於句股則步日躔源頭在截矢求弦一法有弧矢論其步月離源頭則在容弦直闊一法有句股容方圓論句謂三百年絕學洞然明白則句股深妙何以逃於二先生哉近有青陽盧氏算法解

图 35 《数学通轨》影印局部

二十九 《算法统宗》

《算法统宗》(图 36)，全名为《新编直指算法统宗》，明程大位撰。程大位，字汝思，号滨渠，明嘉靖十二年四月十日(1533 年 5 月 3 日)生，万历三十四年八月十七日(1606 年 9 月 18 日)卒，安徽休宁率口(今属黄山市)人。《算法统宗》是一部重要的中国传统数学著作，特别是以珠算知识的详备而著称于后世。该书以《九章算术》的体例为宗，内容堪称广泛。其中，卷 1 至卷 2 介绍数学知识和珠算常识，卷 3 至卷 12 依次为方田、粟布、衰分、少广、分田截积、商功、均输、盈朒、方程、勾股等十类算法，卷 13 至卷 17 为歌诀表述的各类算题以及写算、指算、纵横图等杂法。《算法统宗》的新意有下列各点：卷 3 的自制丈量步车作为一种量田工具较弓先进；卷 4 截两成斤算法，利用算盘可以逢十五进一的特点，给出斤下带两的加法颇为简便；卷 6 的珠算归除开立方法为该法的最早记载；卷 6 与卷 7 的珠算各种带从开方法皆为同类算法的最早记载。《算法统宗》对明清数学的发展，尤其是对珠算的普及有不容忽视的影响。

《算法统宗》涉及农业经济问题的算题有 116 问，主要是分米、田亩面积等。

涉及手工业经济问题的算题有 11 问，主要是手工制作等。例："人有绢一匹，欲作帐幅，先折作六幅比旧帐长六寸，后折作七幅比旧帐短四寸，问绢及旧帐幅长各若干？"①

① (明)程大位撰：《算法统宗》卷 10，郭书春主编：《中国科学技术典籍通汇·数学卷》，第二册，第 1353 页。

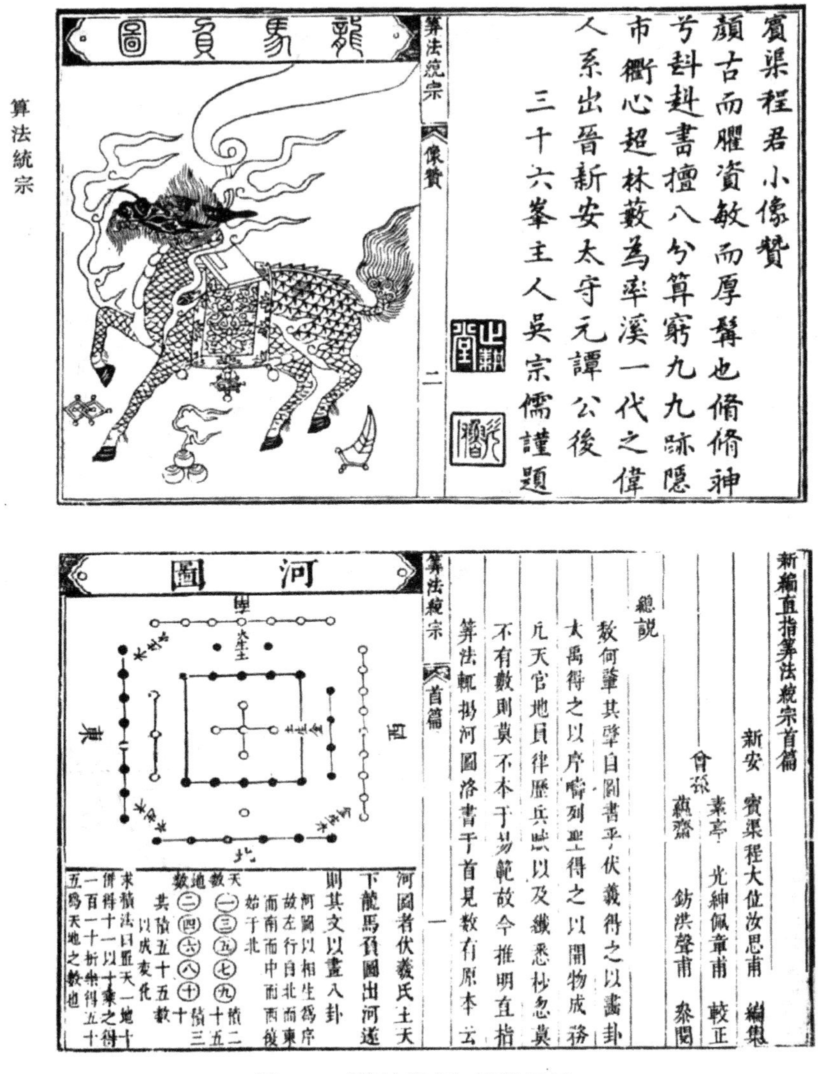

图 36 《算法统宗》影印局部

涉及工程经济问题的算题有 14 问，主要是开濠、穿渠、筑直台、筑圆台、筑堤、筑方锥、城邑大小等。

涉及财政经济问题的算题有 23 问，主要是纳粮、官田税米、俸银、按户等纳银等。

涉及金融经济问题的算题有 9 问，主要是炼金银等。例：“假如今有足色纹银三十五两二钱，欲倾八八色银，问用铜若干？”[①]

涉及贸易经济问题的算题有 135 问，主要是以钱易物（易粮食、易木材、易苎麻、易绢布、易豆、易芝麻、易杏仁、易麝香、易棉花、易猪肉、易牛羊、易鱼等）。如易牛羊例：“今有牛羊一百只，共价一百六十八两，只云牛三只价银一十二两，羊四只价银一两五钱，问牛羊并价各若干？”[②]分钱例：“假如今有银一两二钱三分又二两六钱四分又三两八钱五分又四两九钱二分，问四共若干？”[③]

涉及军事经济问题的算题有 12 问，主要是军士分粮、方圆箭等。如围兵例：“今有围兵二万三千四百人，以布围之，各相去五步，今围内缩除一十六里九十步而止，问围兵各相去若干？”[④]

---

① （明）程大位撰：《算法统宗》卷 2，郭书春主编：《中国科学技术典籍通汇·数学卷》，第二册，第 1263 页。

② （明）程大位撰：《算法统宗》卷 5，郭书春主编：《中国科学技术典籍通汇·数学卷》，第二册，第 1305 页。

③ （明）程大位撰：《算法统宗》卷 17，郭书春主编：《中国科学技术典籍通汇·数学卷》，第二册，第 1408 页。

④ （明）程大位撰：《算法统宗》卷 9，郭书春主编：《中国科学技术典籍通汇·数学卷》，第二册，第 1351 页。

三十 《算法指南》

《算法指南》(图 37、图 38)，全名为《新镌易明捷径算法指南》，二卷，明黄龙吟撰，万历三十二年（1604 年）刊行。黄龙吟，名嘘云，号高源里

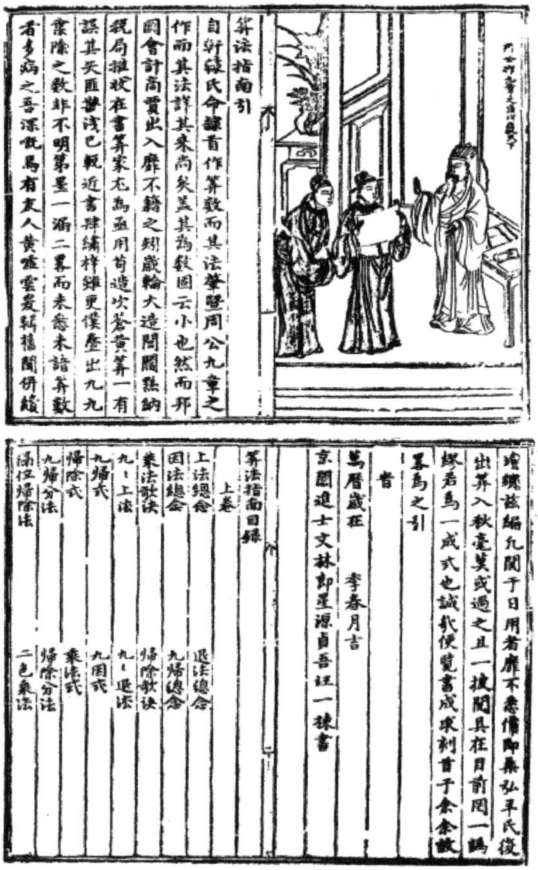
算法指南引
自軒轅氏命隸首作算數而其法肇暨周公九章之
作而其法詳其來尚矣蓋其為數固云小也然而邦
國會計商賈出入靡不藉之矧歲輪大造閭閻悉納
稅局推收在書算家尤為亟用苟遺坎蒼黄算一有
誤其失匪淺已輓近書肆繡梓錄更僕壘出九九
乘除之數非不明第墨一涵二累而未悉未諳算數
者多病之吾深慨焉有友人黄噓雲爰輯舊聞併纔
增輯該編凡關于日用者靡不悉備即桑弘羊氏復
出算入秋毫莫或過之且一披閱具在目前開一時
然者焉一成式也誠利便覽書成求刻首予余余嘉
喜為之引
書
萬曆歲在　孝春月吉
京闈進士文林郎星源貞吾汪一棟書

算法指南目錄
上卷
上法總會　退法總會
因法總會　九歸總會
乘法歌訣　歸除歌訣
九九上法　九九退法
九歸式　九因式
歸除式　乘法式
九歸分法　歸除分法
兩位歸除法　二色乘法

图 37　《算法指南》影印局部 1

人，龙吟，其字也，四川新都人，生平不详。其还撰有《新镌田地山塘麦米活法》（无卷数），及《精选治生要览》，后者为中、和二集，中集为江湖切要物价归略，和集无算，均与《算法指南》同时付梓。《算法指南》是一部珠算启蒙读物。

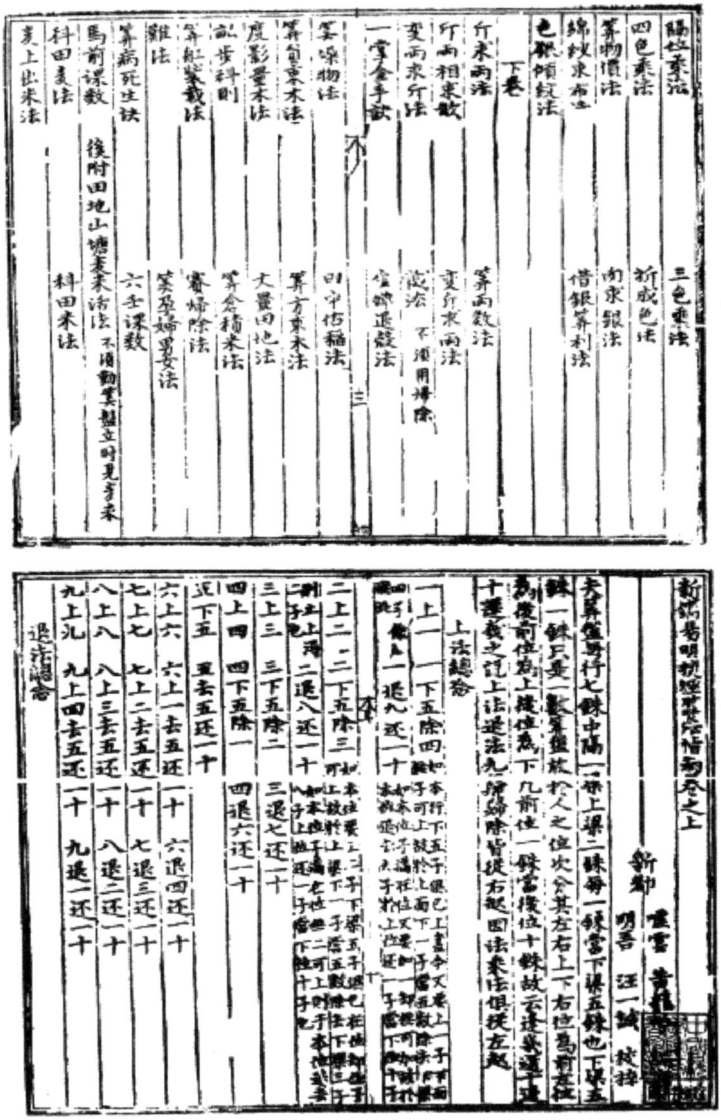

图 38 《算法指南》影印局部 2

《算法指南》涉及农业经济问题的算题有 32 问，主要是分米、分豆、田亩收粮、田亩面积等；涉及手工业经济问题的算题有 2 问，是分布匹；涉及财政经济问题的算题有 2 问，是地税；涉及贸易经济问题的算题有 39 问，主要是分钱等。

三十一　《天下郡国利病书》

《天下郡国利病书》（图 39）是顾炎武积二十余年（1639—1662 年）工夫所撰写的一部专门论述中国地理经济的巨著，惜为未成之作。顾炎武（1613—1682 年），字宁人，江苏昆山人。史载其“生平精力绝人，自少至老，无一刻离书”[①]，作为一名明朝遗民，“四谒孝陵，六谒思陵，始卜居陕之华阴”[②]。难以释怀的故国情结，使他“感四国之多虞，耻经生之寡术，于是历览二十一史，以及天下郡县志书、一代名公文集，间及章奏、文册之类”[③]，遂撰成《天下郡国利病书》34 册，坊刻 120 卷，鉴历代之兴亡、治乱之利弊，目的在于寻求挽救天下危亡的有益学问。所以顾炎武重点辑录了兵防、赋税、水利三方面内容，其中在经世致用思想的指导下，他还辑录了一些与经济数学有关的测量、筑城及造车等科学技术问题。

（1）山阴量山法

山有高危险峻，尖峰平冈凸凹，深湾远坞，一概量冒，以致奸弊易生，隐缺无计。今开示量山，递年将山分作金、木、水、火、土五形，明立五般算法，则行算无差，弓步可核。如金形山，法当三不等量算；木形山，法当横直丈量；水形山，中广几处；火形山，一直量至山峰，横量山脚，折算积实见数；土形山，或分中广，或分二段，半月形量，或四不等亦可。一湾一坞，统作一号者，内分一侧一面一陇，查照形式分量，逐段填写弓步；一号之内，大约凹凸者务要中广，方得实数。又耆民赵德仁等呈内云，量山不比

---

① 《清史稿》卷 481《顾炎武传》，北京：中华书局，1977 年，第 13166 页。
② 《清史稿》卷 481《顾炎武传》，北京：中华书局，1977 年，第 13166 页。
③ （清）顾炎武：《天下郡国利病书·序》，上海：上海科学技术文献出版社，2002 年，第 1 页。

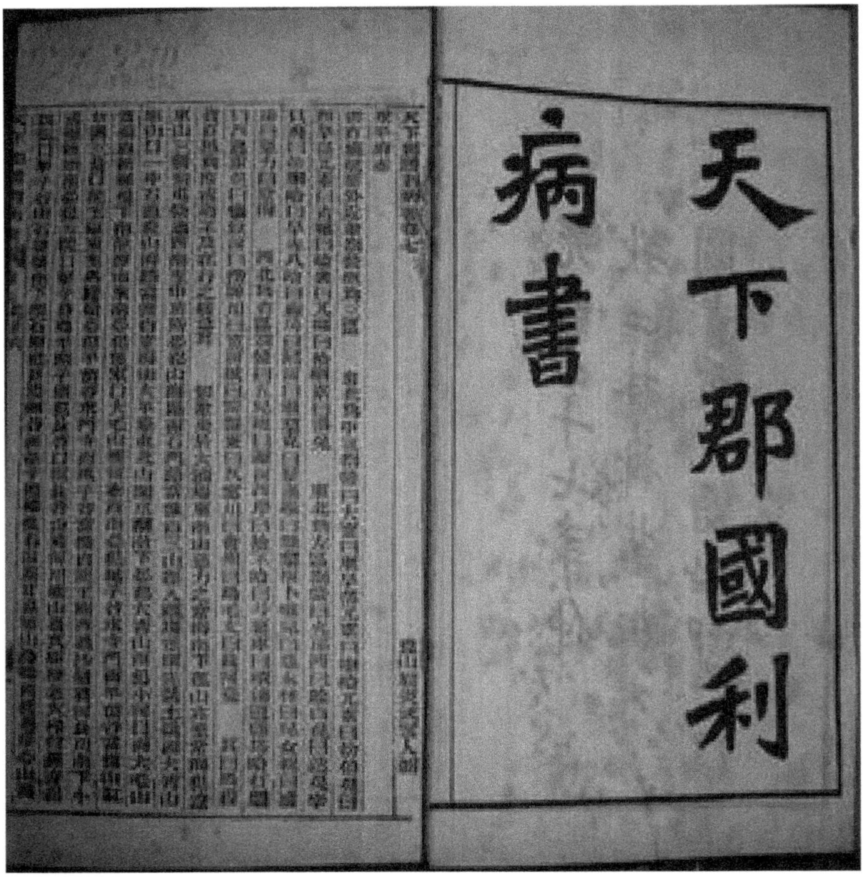

图 39　《天下郡国利病书》清光绪白纸石印本局部

量田，俱是斜尖凹凸不等，号大则弊多，号小则弊少。凡百亩以上，定有湾陇，不能尽量入册，务须分号，方无遗漏。或以三直三横法量，搜弊始尽。今呈数法，乞令递年量山，每号就注某山、名某、形某，以某法量之，如此开造册报，临撞易知。若山如船形者，内有湾凹；蛇形者，中起高陇，如两旁牵量，便是作弊，必须当心直量，中阔处横量，以梭形准之，方为无弊。[①]

（2）筑城之法

城身高四丈，城阔五丈，上敛二丈；若城身高三丈五尺，则址阔四丈三

① （清）顾炎武：《天下郡国利病书 • 浙江下》，第二十二册，第 1789—1790 页。

尺七寸，上敛一丈七尺。城外筑瓮城（去大城十五步。瓮城圜一面包城，高、厚与大城之数相等）。瓮城外凿壕，去大城三十步，上施钓桥。凡为三壕：第一重阔二十步，深二丈，水深四尺至七尺；第二、三重递减五尺。壕之内岸筑羊马城，去大城五步，高八尺，址阔五尺，上敛二尺。自上三尺开箭窗，外至壕垠，留一步，埋设鹿角。大城上每三十步置马面、敌楼各一座，女墙相去各十步。凡楼橹之法，曰垂钟版，曰拐子木，曰伏兔子，曰手杷腰楅，曰鹰架，曰踏空版，曰叉柱版，曰护柱版，曰胡孙柱，曰鄣水版，曰马面，曰梯，曰马垠踏道，曰娥眉砖踏道，曰笆，曰草椁，曰牛革，曰毡，曰大小索，曰铁雁钩，此其名数之大略也。[①]

（3）永道车制——木料尺寸

轻车：辕条二根，长九尺二寸，阔二寸五分，厚二寸二分。前琶头一根，长三尺三寸，阔一寸六分，厚一寸三分。前遮牌一扇，高四尺六寸，阔四尺五寸，板厚六分。立柱二根，长四尺六寸。上横档，长五尺一寸。下横档，长四尺五寸。门二扇，高四尺六寸，阔二尺二寸五分，板厚六分。撑棍二根，长三尺。横耳二根，长一寸五分，阔一寸五分，厚二寸。推手木二根，长五尺二寸，方圆一寸八分。车厢横档二根，长二尺六寸，厚六分。车匣一个，长二尺四寸，高二尺二寸。车耳二个，长二尺四寸，阔四寸，厚一寸五分。车轮二面，径过三尺八寸，车网十四块，厚一寸八分，阔四寸。辐条二十八根，长一尺九寸，厚一寸三分。车头二个，径过八寸，长八寸。火箭匣一个，长四尺五寸，阔一尺，高七分。郎机架木二根，长三尺，阔二寸五分，厚一寸五分。横档二根，长四尺四寸，阔二寸五分，厚二寸二分。上拒马横档一根，长四尺二寸。枪杆三根，长四尺七寸。下拒马横档二根，长五尺二寸。枪杆四根，长三尺。

大神铳滚车：辕条二根，长九尺，阔六寸，厚四寸。横档五根，长二尺四寸，阔六寸，厚五寸。立柱四根，长七寸，阔二寸五分，厚二寸。盖板一片，长四尺六寸，阔一尺八寸。撑棍二根，长三尺。拒马枪杆二根，长三尺

---

① （清）顾炎武：《天下郡国利病书·浙江下》，第二十二册，第 1792 页。

五分。前车轮二个，径过三尺二寸。车网十九块，厚二寸五分。辐条三十八根，长一尺六寸。后车轮一个，径过一尺五寸。车网八块，厚一寸八分。辐条十根，长八寸。前车头二个，长一尺，径过一尺。后车头一个，长六寸，径过六寸。车耳二个，长一尺八寸，阔四寸，厚一寸五分。

灭虏炮车：辕条二根，长七尺三寸，阔三寸五分，厚二寸五分。横档七根，长二尺三寸，阔三寸五分，厚二寸五分。前车轮二个，径过二尺六寸。车网十七块，厚一寸八分。辐条三十四根，长一尺三寸。后车轮一个，径过一尺五寸。车网十二块，厚一寸八分。辐条十根，长八寸。前车头二个，长一尺，径过七寸，长七寸。后车头一个，径过六寸，长六寸。车耳二个，长一尺，阔四寸，厚一寸五分。车匣一个，长一尺八寸，阔七寸，高六寸。①

① （清）顾炎武：《天下郡国利病书·北直隶上》，第一册，第69—70页。

三十二 《数理精蕴》

《数理精蕴》(1723 年刊行)涵盖中西，由梅瑴成与陈原耀、明安图及法国人洪若翰、白晋等历 30 年所编纂而成，是清康熙年间编译的数学百科全书，因冠以御制的名义，故对清代数学产生了深远的影响。乾嘉时期数学研究高潮的兴起、19 世纪数学家成就的取得都与《数理精蕴》密切相关，它在中国数学史上占有非常重要的地位。

《数理精蕴》(图 40)从整体上说是一部西方数学著作的编译作品，共 53 卷，分上下两编：上编主要包括“数理本原”“河図洛书”“周髀算经”等内容，下编“分条致用”主要讲三角、几何、代数等实用算术。

经初步统计，《数理精蕴》涉及农业经济问题的算题有 25 问，主要是分米粮、谷换米、米换丝、分田、田亩收稻、田亩面积、耕田、贮存粮食等。其中，谷换米例：“设如有谷换米，每谷一石四斗换米八斗四升，今有谷三十二石六斗八升，问换米若干？”[①]米换丝例：“设如有田一百三十八亩，每亩征米二斗，今七分征米三分折丝，每米一石折丝一斤，问各该几何？”[②]

涉及手工业经济问题的算题有 7 问，主要是织丝、织缎、织布、织绢等。其中，织绢例：“设如一人织绢，日加一倍，至第四日织成六丈七尺五寸，问每日织几何？”[③]帐幔例：“设如有缎一匹，欲作新帐幔一架先摺作六幅，每幅比旧制长一尺二寸，后摺作七幅，每幅比旧制长二寸，问缎之长及旧帐

---

① 《数理精蕴》卷 3，郭书春主编：《中国科学技术典籍通汇·数学卷》，第三册，第 230 页。
② 《数理精蕴》卷 4，郭书春主编：《中国科学技术典籍通汇·数学卷》，第三册，第 258 页。
③ 《数理精蕴》卷 4，郭书春主编：《中国科学技术典籍通汇·数学卷》，第三册，第 267 页。

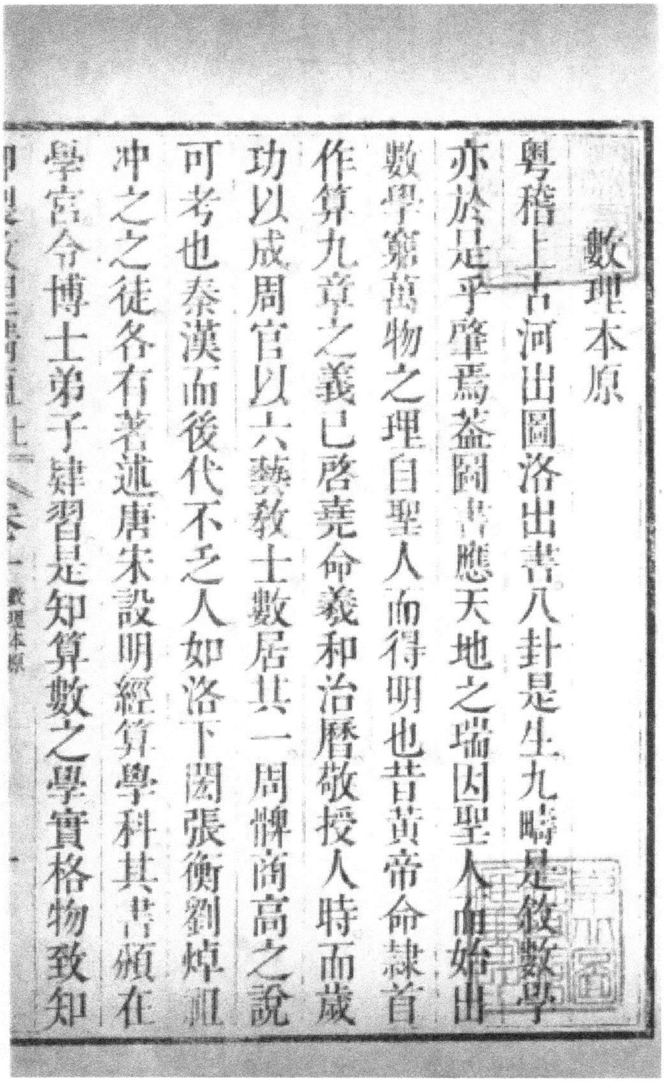

數理本原

粤稽上古河出圖洛出書八卦是生九疇是敘數學亦於是乎肇焉蓋圖書應天地之瑞因聖人而始出數學窮萬物之理自聖人而得明也昔黄帝命隸首作算九章之義已啓堯命羲和治曆敬授人時而歲功以成周官以六藝教士數居其一周髀商高之說可考也秦漢而後代不乏人如洛下閎張衡劉焯祖冲之之徒各有著述唐宋設明經算學科其書頒在學宮令博士弟子肄習是知算數之學實格物致知

图 40 《数理精蕴》辽宁省图书馆藏雍正二年（1724 年）铜活字印本局部

之长各若干？”[①]

涉及工程经济问题的算题有 1 问，是筑堤。

涉及财政经济问题的算题有 27 问，主要是纳粮、纳银等。

涉及金融经济问题的算题有 3 问，主要是熔金银。如金熔银例：“设如

① 《数理精蕴》卷 8，郭书春主编：《中国科学技术典籍通汇 · 数学卷》，第三册，第 351 页。

金与银熔于一处，共得正方体积二十七寸，重二百七十四两二钱，问金与银各几何？”①

涉及贸易经济问题的算题有103问，主要是差额分钱、以钱易物、以物换物、本利、购买田亩、赏银、本息等。其中，以物换物例：“设如以芝麻换黄米，但知每芝麻三石，换绿豆五石，每绿豆四石，换黄米三石，今有芝麻五十四石，问换黄米若干？”②本利例：“设如甲乙丙三商，共出本银一千五百二十两，今得本利共银一千七百一十两，甲分本利共银一千零八十两，乙分本利共银三百六十两，丙分本利共银二百七十两，问三人所分本利各若干？”③赏银例：“设如有银赏四等人，各不知数，只云一等一人，二等二人，三等三人，四等四人，共赏银三十两；又一等二人，二等三人，三等四人，四等五人，共赏银四十四两；又一等四人，二等五人，三等七人，四等八人，共赏银七十七两；又一等六人，二等五人，三等四人，四等二人，共赏银六十六两，问每等人各赏银几何？”④本息例：“设如一人借银盈利三次，每次得利之后则还银二百四十两，复以余银作本，其每次所得利银皆与每次本银相等，至第三次还银后，则银尽无余，问原借银若干？”⑤

涉及军事经济问题的算题有5问，主要是军士分粮、将兵、分给衫绢、赏银等。如将兵例：“设如有兵二万三千八百，令甲乙丙丁戊五将互和折半领之，只云戊少甲三千三百六十，问各将所领若干？”⑥

---

① 《数理精蕴》卷30，郭书春主编：《中国科学技术典籍通汇·数学卷》，第三册，第911页。
② 《数理精蕴》卷3，郭书春主编：《中国科学技术典籍通汇·数学卷》，第三册，第237页。
③ 《数理精蕴》卷6，郭书春主编：《中国科学技术典籍通汇·数学卷》，第三册，第295—296页。
④ 《数理精蕴》卷10，郭书春主编：《中国科学技术典籍通汇·数学卷》，第三册，第401页。
⑤ 《数理精蕴》卷34，郭书春主编：《中国科学技术典籍通汇·数学卷》，第三册，第1022页。
⑥ 《数理精蕴》卷5，郭书春主编：《中国科学技术典籍通汇·数学卷》，第三册，第283页。

三十三　《同文算指》

《同文算指》（图 41、图 42）由利玛窦（1552—1610 年）和李之藻合作完成，主要是根据数学大师克拉维斯（1537—1612 年）的《实用算术概论》与程大位的《算法统宗》（1592 年）编译的，成书于 1613 年。李之藻，字振之，又字我存，号存园寄叟、凉庵居士、凉庵逸民、凉安子、凉叟、东海波臣。《同文算指》李之藻自序称："荟辑所闻，厘为三种：'前编'举要，则思已过半；'通编'稍演其例，以通俚俗，间取'九章'补缀，而卒不出原书之范围，'别编'则测圆诸术，存之以俟同志。"《同文算指》是介绍欧洲笔算的第一部著作，在中国数学发展史上是欧洲近代数学传入我国的开始，对后来的算术有巨大的影响。

《同文算指》涉及农业经济问题的算题有 16 问，主要是贮存粮食、分米、田亩面积等。

涉及手工业经济问题的算题有 4 问，主要是织布、织绢等。

涉及工程经济问题的算题有 9 问，主要是筑堤、筑墙、筑圆台等。

涉及财政经济问题的算题有 14 问，主要是纳税等。

涉及金融经济问题的算题有 6 问，主要是金钱互易等。如金钱互易例："问金钱一文值银一两一钱五分，今有银一千两，该金钱几文？"①

涉及贸易经济问题的算题有 64 问，主要是以钱易物（易粮食、易绢布、易沉香、易牛羊等）、分钱。如差等分钱例："假如八人差等分钱，但知甲乙

① 《同文算指》卷 1，郭书春主编：《中国科学技术典籍通汇・数学卷》，第四册，第 129 页。

刻同文算指序
數之原其與生人俱來乎始於一終於十十指象之屈
而計諸不可勝用也五方萬國風習千變至於算數無
弗同者十指之賅存無弗同耳我中夏自黃帝命隸首
作算以佐容成至周大備周公用之列於學官以取士
賓興賢能而官使之孔門弟子身通六藝者謂之升堂
入室使數學可廢則周孔之教踳矣而或謂載籍燔於
嬴氏三代之學多不傳則馬鄭諸儒先相授何物唐六
典所列十經博士弟子五年而學成者又何書也由是

同文算指前編 序徐 一 海山仙館叢書

言之算數之學特廢於近世數百年間爾廢之緣有二
其一爲名理之儒土苴天下之實事其一爲妖妄之術
謬言數有神理能知來藏往靡所不效卒於神者無一
效而實者亡一存往昔聖人所以制世利用之大法曾
不能得之士大夫間而術業政事盡遜於古初遠矣余
友李水部振之卓犖通人生平相與慨歎此事行求當
世算術之書大都古初之文十一近代俗傳之言十八
其儒先所述作而不倍于古初者亦復十一而已俗傳
者余嘗戲目爲閉關之術多謬妄弗論即所謂古初之

文與其弗倍於古初者亦僅僅具有其法而不能言其
立法之意益復遠想唐學十經必有原始通極微渺之
義若止如今世所傳則浹月可盡何事乃須五年也既
又相與從西國利先生游論道之隙時時及於理數其
言道言理既皆返本蹠實絕去一切虛玄幻妄之說而
象數之學亦皆遡源承流根附葉著上窮九天旁該萬
事在於西國膠庠之中亦數年而學成者也吾輩既不
及覩唐之十經覩利公與同事諸先生所言曆法諸事
即其數學精妙比于漢唐之世十百倍之因而造席請

同文算指前編 序徐 二 海山仙館叢書

益惜余與振之出入相左振之兩度居燕譯得其算術
如干卷既脫稿余始間請而共讀之共講之大率與舊
術同者舊所弗及也與舊術異者則舊所未之有也旋
取舊術而共讀之共講之大率與西術合者靡弗與理
合也與西術謬者靡弗與理謬也振之因取舊術斟酌
去取用所譯西術駢附梓之題曰同文算指斯可謂網
羅藝業之美開廓著述之途雖失十經如棄敝屩矣算
術者工人之斧斤尋尺曆律兩家旁及萬事者其所造
宮室器用也此事不能了徹諸事未可易論頃者交食

图 41 《同文算指》道光广州潘士诚海山仙馆精刻本局部 1

共七十七文，已庚辛共六十六文，问每人几文？”①

① 《同文算指》卷 5，郭书春主编：《中国科学技术典籍通汇 · 数学卷》，第四册，第 201 页。

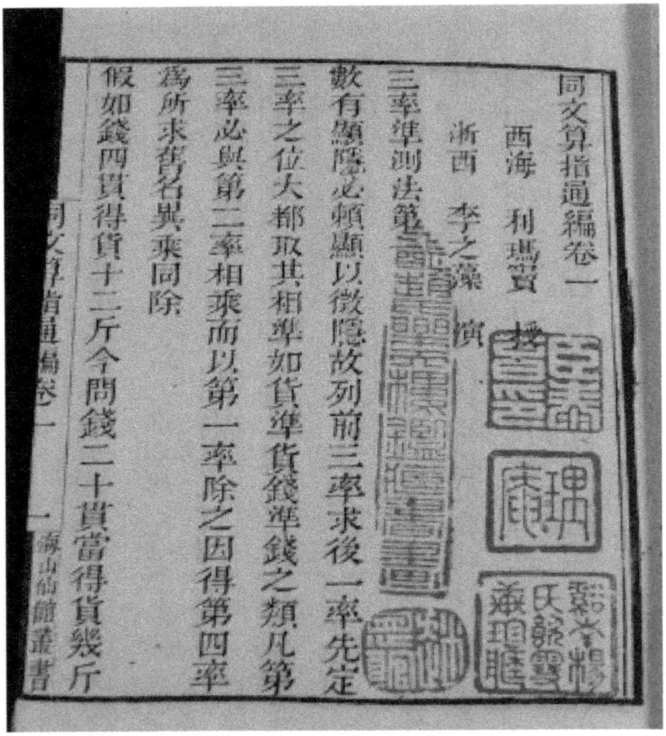

图 42　《同文算指》道光广州潘士诚海山仙馆精刻本局部 2

涉及军事经济问题的算题有 6 问，主要是支军士银等。如缴获军资例：“问发兵百人，外有领队四人，旗牌六人，共破一寨，得器械七万二千四百件，即以充犒，旗牌比领队得八分之五，兵比旗牌得五分之三，各该得若干？”①

① 《同文算指》卷 3，郭书春主编：《中国科学技术典籍通汇·数学卷》，第四册，第 149 页。

三十四　《欧逻巴西镜录》

《欧逻巴西镜录》（图 43）一卷，作者未详，撰于明末清初，卷首称“西泰子之译”“吾中国九章诸法”等，可知其出于中国学者之手。从其书名和

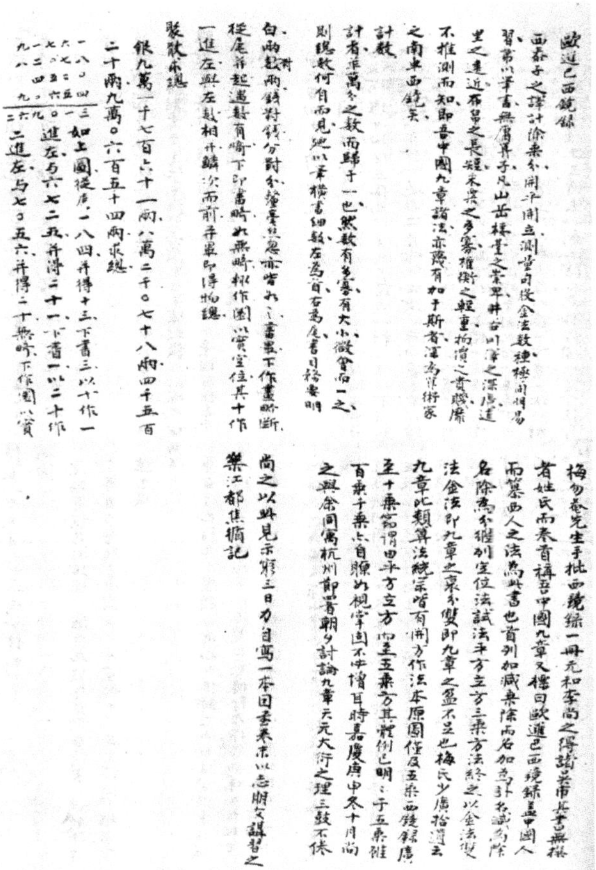
歐邏巴西鏡録
西泰子之譯計除乘分開平開立測量句股金法數種極簡而易
習第以筆畫無庸算子凡山岳樓臺之崇卑井谷川澤之深廣道
里之遠近布帛之長短米粟之多寡權衡之輕重物價之貴賤靡
不推測而知即吾中國九章諸法亦蔑有加于斯者洵為算術家
之南車西鏡矣
計數
計者乘萬分之數而歸于一也然數有多寡有大小微實而一之
則總數何自而見他以筆橫書細數左為首右為尾書目務要明
白兩對兩錢對錢分對分釐毫絲忽亦皆如之書畢下作畫斷斷
從尾并起遇數有滿下即書明如無畸則作圈以實空位其十作
一進左與左數相并鱗次而前并畢即得總
聚散求總
銀九萬一千七百六十一兩八萬二千〇七十八兩四千五百
二十兩九萬〇六百五十四兩求總
九一七六一
八二〇七八
　四五二〇
九〇六五四
二六九〇一三
如上圖從尾一八四并得十三下書三以十作一
進左與六七二五并得二十一下書一以二十作
二進左與七〇五六并得二十無畸下作圈以實

梅勿菴先生手批西鏡録一冊元和李尚之得諸吳市其書無撰
者姓氏而卷首稱吾中國九章又標曰歐邏巴西鏡録蓋中國人
而篡西人之法為此書也首列加減乘除而名加為并名減為[illegible]
名除為分繼列定位法試法平方立方三乘方法終之以金法雙
法金法即九章之衰分雙即九章之盈不足也梅氏少廣拾遺云
九章比類算法統宗皆有開方作法本原圖但及五乘西鏡録廣
至十乘皆謂平方立方而至五乘方其體例已明于五乘雖
百乘千乘亦自瞭如視掌圖不中增耳時嘉慶庚申冬十月尚
之與余同寓杭州節署朝夕討論九章天元大衍之理三鼓不休
尚之以此見示窮三日力自寫一本因書其末以志朋友講習之
樂江都焦循記

图 43　《欧逻巴西镜录》影印局部

内容又可知它是对当时传入中国的西方数学家辑录改编的一部作品。该书主要介绍西方笔算方法：首论四则运算，而称加法为计数、减法为除数、除法为分法；次论定位法、试法、开平方法、开立方法乃至开高次方法，内容分别采自《同文算指·前编》卷上和《同文算指·通编》卷 6、卷 8，但也略有变通；最后两个部分名为金法和变法，主要采自《同文算指·通编》卷 1 到卷 4，许多题目连数据都完全相同。①

《欧逻巴西镜录》涉及金融经济问题的算题有 3 问，主要是金银互换。

涉及贸易经济问题的算题有 15 问，主要是以物易物、以钱易物（易田亩）、分银等。如分银例："两人大小分，分银一千两，要大分胜小分四十九两，问各该？"②

---

① 严敦杰：《〈西镜录〉跋》，《自然科学史研究》1988 年第 3 期，第 214—217 页。

② 《欧逻巴西镜录》，郭书春主编：《中国科学技术典籍通汇·数学卷》，第四册，第 301 页。

三十五　《方程论》

《方程论》(图 44)，梅文鼎撰，该书是他的第一部数学著作。梅文鼎(1633—1721 年)，字定九，号勿庵，安徽宣城(今宣州市)人。梅氏远祖可追溯到北宋学者梅尧臣，文鼎曾祖父守玉、祖父瑞祚均曾为明朝官吏，其父士昌于明亡后隐居乡里，过着清净的耕读生活。梅文鼎在年少时代，从父亲及塾师罗王宾那里学到了一些天文知识。康熙元年(1662 年)左右，梅文鼎同他的两个弟弟一道，向同乡隐士竹冠道人倪正学习明代颁用的大统历法，在此基础上完成了自己的第一部天文学著作《历学骈枝》。

《方程论》涉及农业经济问题的算题有 6 问，主要是田亩面积等。

涉及手工业经济问题的算题有 1 问，是绢作帐幅。“今有绢一匹，欲作帐幅，摺成六幅，比旧帐长六寸，折作七幅又短四寸，其绢并旧帐幅各长若干？”[①]

涉及工程经济问题的算题有 1 问，是筑城。

涉及财政经济问题的算题有 9 问，主要是官员俸禄、纳税等。

涉及金融经济问题的算题有 3 问，主要是贮存金银。例：“今有甲字库贮金，丁字库贮银，各不知总，但云取甲四之三加丁五之二则一百一十万，若以甲加丁之倍数，则四百四十万，问各若干？”[②]

涉及贸易经济问题的算题有 14 问，主要是以物换物、以钱易物、均分银两等。

---

① (清)梅文鼎撰：《方程论》卷 15，郭书春主编：《中国科学技术典籍通汇·数学卷》，第四册，第 397 页。

② (清)梅文鼎撰：《方程论》卷 12，郭书春主编：《中国科学技术典籍通汇·数学卷》，第四册，第 341 页。

梅氏叢書輯要卷十一

宣城梅文鼎定九甫著

男 以燕正謀甫學

孫 㲄成循齋甫 重校錄

玕成肩琳甫

鈖二如甫

曾孫 鈁導和甫 同校字

方程論一

正名

名不正則言不順諸本方程皆以二色三色四色等分款立法而不分和較宜其端緒紛紛而說之滋謬也故先正其名

正名有四一和數二較數三和較雜四和較交變和者無正負如只云某物如干某物如干共價如干以問每物各價者是也較者有正負如云以某物如干與某物如干相較多價如干或少價如干或相當適足者是也雜者半有正負半無正負如一行云某物某物各如干共價如干而其一行則又云以某物如干較某物如干差價如干或價相當適足者是也變者或先無正負而變爲有正負或先有正負變而無正負三色以往重列減餘兼用兩行者是也

總論曰萬算皆生於和較和較可以御萬算分合之義也萬物之未形一而已矣一且未有況萬乎及其有也有一則有二有二則有三自此以至於無窮而數生焉矣和者諸數之合也較者諸數之分也分則有差故謂之較較與和相求而法

卷十一 方程一 九

立焉矣故一與一和則二也一與二和則三也一與二之較一也一與三之較二也萬算雖多準此矣故和較者萬算之綱也算之用至於勾股方程至矣盡矣窮高致遠探賾窮幽無所不備然其用不出於和較且以方程言之凡方程列位皆以下位爲之端如所列下一位爲上中兩位之總價則和也若下一位爲上中兩位相差之價則較也較故分正負和故不分正負雖不立正負然必以兩和互乘對減以得其差然後其數可得而知矣故三色以往先無正負者有時而正負立焉故方程之法以和求較而已矣較者易知和者難知和之中有較較之中又有較此萬數之所由生萬法之所由起

卷十一 方程一 十

和數方程例

方程用互乘對減與差分章貴賤相和法同但貴賤相和有總物總價又有每物每價不過以帶分之故雜用匿價分身而變爲揁影之術耳方程則有總物總價而無每數又有三色四色以至多色頭緒紛然自非遞減何以取之此古人別立一章之意也

用法曰二色者任以一色列於上以一色列於中以總價列於下於是以列上者爲乘法左右互乘又互遍乘中下得數左右對減其上一色必兩相若而減盡其中一色對減必有相差之數下價對減亦必有相差之數數相差則減不能盡於是取其餘數以爲用一爲法一爲實以法除實而得中一色

图 44 《方程论》影印局部

涉及军事经济问题的算题有 3 问。例：“问齐军千乘，其陈有先驱申驱为前军，有启与胠为两翼，有戎车贰广为中军，有大殿为后军，各不知数，但以前军居余陈七之三合，两翼贰广与殿，多余陈四十乘合前军两翼与中后较，则多二十乘，前军合殿与翼中军较，则少二十乘，先驱大殿居余陈二之一而少五乘，各若干？”[①]

① （清）梅文鼎撰：《方程论》卷 13，郭书春主编：《中国科学技术典籍通汇·数学卷》，第四册，第 362—363 页。

三十六 《缉古算经考注》

《缉古算经考注》（图 45），二卷，清李潢撰。李潢（1746—1812 年），字云门，湖北省钟祥郢中新堤街人。他博学多才，精于算学和天文学，时人有“南齐（召南）北纪（昀），不逮钟祥一李”之说。

李潢在“古学胜于西学”的观念指导下，倡导复兴古学，撰《九章算术细草图说》十卷，并以《九章算术》的传统方法考注《缉古算经》，发古人之真解。众所周知，唐王孝通所撰之《缉古算经》，是《算经十书》中有传本者除《九章算术》之外最重要的著作。故《清史稿》载：“潢又尝因古《算经十书》中，《九章》之外最著者，莫如王孝通之《缉古》。唐制开科取士，独《缉古》四条限以三年，诚以是书隐奥难通。世所传之长塘鲍氏、曲阜孔氏、罗江李氏各刻本，又悉依汲古阁毛影宋本，只有原术文而未详其法，且复传写脱误。虽经阳城张氏以天元一术推演细草，但天元一术创自宋、元时人，究在王氏后，似非此书本旨。爰本《九章》古义，为之校正，凡其误者纠之，阙者补之，著《考注》二卷。以明斜袤广狭割截附带分并虚实之原，务如其术乃止。”[①]所以李兆洛曾评价：“先生于是书立法之根，如锯解木，如锥划地，又复补正脱误，条理秩然，信王氏之功臣矣！”[②]

《缉古算经考注》涉及农业经济问题的算题有 6 问，主要是贮存粮食等；涉及工程经济问题的算题有 5 问，主要是窖深、穿河、筑堤等。

---

① 《清史稿》卷 507《李潢传》，北京：中华书局，1977 年，第 13974—13975 页。
② 《清史稿》卷 507《李潢传》，第 13975 页。

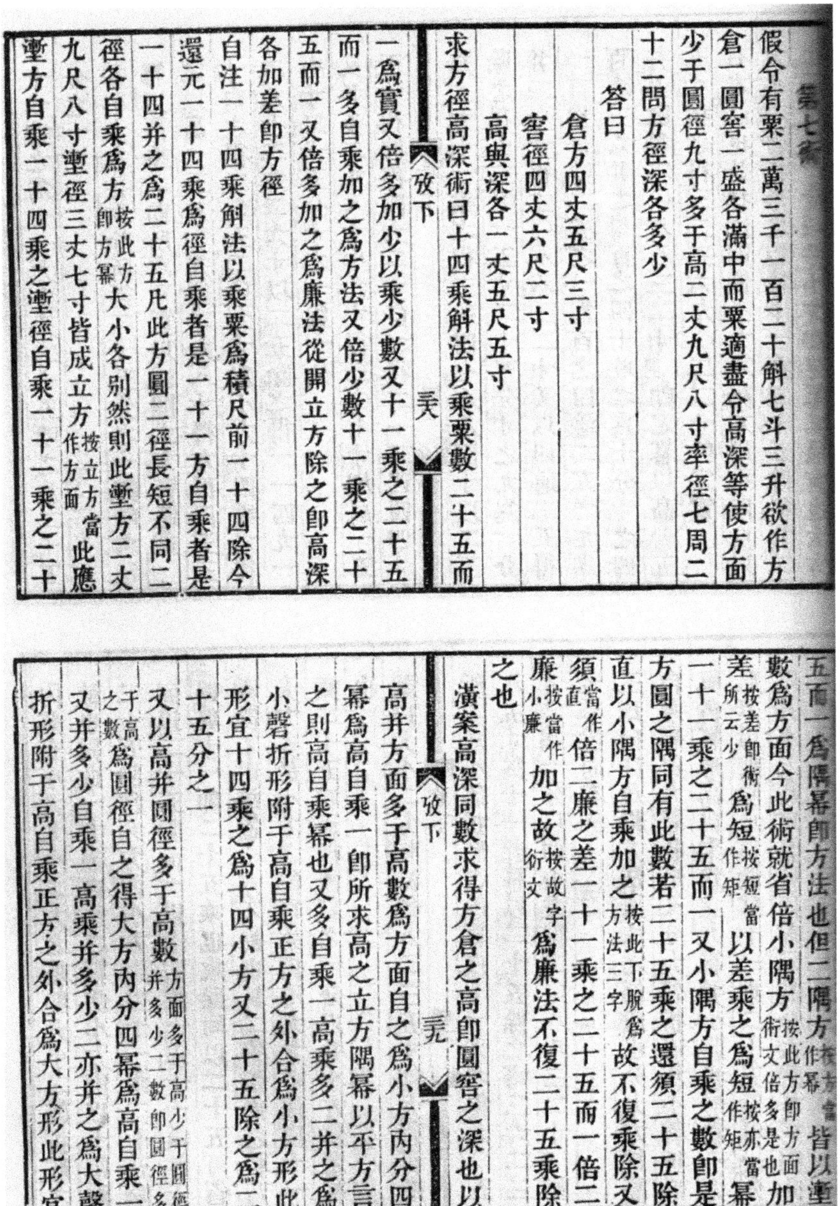
第七術

假令有粟二萬三千一百二十斛七斗三升欲作方倉一圓窖一盛各滿中而粟適盡令高深等使方面少于圓徑九寸多于高二丈九尺八寸率徑七周二十二問方徑深各多少

答曰

倉方四丈五尺三寸

窖徑四丈六尺二寸

高與深各一丈五尺五寸

求方徑高深術曰十四乘斛法以乘粟數二十五而一爲實又倍多加少以乘少數又十一乘之二十五而一多自乘加之爲方法又倍少數十一乘之二十五而一又倍多加之爲廉法從開立方除之卽高深各加差卽方徑

自注一十四乘斛法以乘粟爲積尺前一十四除今還元一十四乘爲徑自乘者是一十一方自乘者是一十四并之爲二十五凡此方圓二徑長短不同二徑各自乘爲方按此方卽方冪大小各别然則此塹方二丈九尺八寸塹徑三丈七寸皆成立方按立方當作方面此應塹方自乘一十四乘之塹徑自乘一十一乘之二十五而一爲隅冪卽方法也但二隅方按方當作冪皆以塹數爲方面今此術就省倍小隅方按此方卽方面術文倍多是也加差按差卽術所云少爲短按短當作矩以差乘之爲短按短亦當作矩冪一十一乘之二十五而一又小隅方自乘之數卽是方圓之隅同有此數若二十五乘之還須二十五除直以小隅方自乘加之按此下脫爲方法三字故不復乘除又須按須當作直倍二廉之差一十一乘之二十五而一倍二廉按當作小廉加之故按故字衍文爲廉法不復二十五乘除之也

潢案高深同數求得方倉之高卽圓窖之深也以高并方面多于高數爲方面自之爲小方內分四冪爲高自乘一卽所求高之立方隅冪以平方言之則高自乘冪也又多自乘一高乘多二并之爲小磬折形附于高自乘正方之外合爲小方形此形宜十四乘之爲十四小方又二十五除之爲二十五分之一

又以高并圓徑多于高數方面多于高少于圓徑并多少二數卽圓徑多于高之數爲圓徑自之得大方內分四冪爲高自乘一又并多少自乘一高乘并多少二亦并之爲大磬折形附于高自乘正方之外合爲大方形此形宜

图 45　《缉古算经考注》影印局部

三十七　《九章算术细草图说》

《九章算术细草图说》（图46），九卷，清李潢撰。《九章算术细草图说》以孔继涵刻戴震校微波榭本《算经十书》之《九章算术》为底本，由按、草、说、图四种内容构成。其中，“按”主要是校勘意见；“说”主要是对刘徽注、李淳风等注释的文字逐句阐释，对其不易理解的文字亦都能分析条理、阐释清楚。嘉庆十七年（1812年），《九章算术细草图说》甫写定。

《九章算术细草图说》涉及农业经济问题的算题有68问，主要是为田，粟与面、菽、麻、豉、糳互换，分米，田亩收粟，舂米等。邪田例：“今有邪田一头广三十步，一头广四十二步，正从六十四步，问为田几何？”[①]青、白禾例：“今有白禾二步，青禾三步，黄禾四步，黑禾五步，实各不满斗，白取青黄，青取黄黑，黄取黑白，黑取白青各一步，而实满斗，问白青黄黑禾实一步各几何？”[②]

涉及手工业经济问题的算题有6问，主要是材品加工、炼丝、丝缣互算等。

涉及工程经济问题的算题有5问，主要是穿地，垣、城邑大小等。

涉及财政经济问题的算题有11问，主要是关税、均输粟、卒、乡算等。乡算例：“今有北乡算八千七百五十八，西乡算七千二百三十六，南乡算八千三百五十六，凡三乡发徭三百七十八人，欲以算术多少衰出之，问各几何？”[③]大夫出钱例：“今有大夫不更簪裹上造公式凡五人，共出百钱，欲令

---

① （清）李潢撰：《九章算术细草图说》卷1，郭书春主编：《中国科学技术典籍通汇·数学卷》，第四册，第957页。

② （清）李潢撰：《九章算术细草图说》卷8，郭书春主编：《中国科学技术典籍通汇·数学卷》，第四册，第1162页。

③ （清）李潢撰：《九章算术细草图说》卷3，郭书春主编：《中国科学技术典籍通汇·数学卷》，第四册，第1002页。

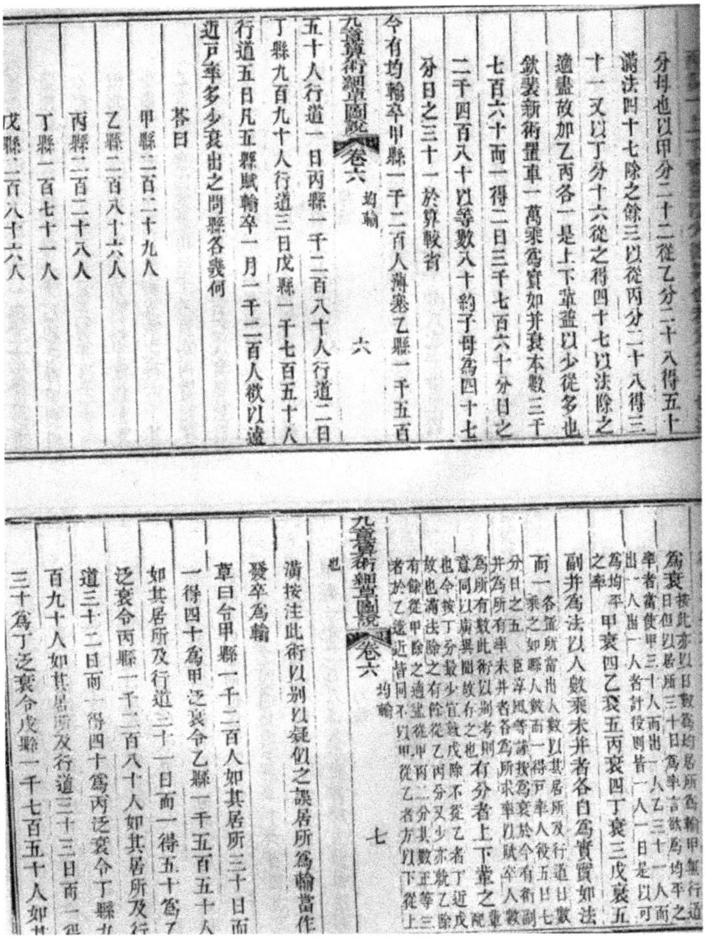
分母也以甲分二十二從乙分二十八得五十
滿法四十七除之餘三以從丙分二十八得三
十一又以丁分十六從之得四十七以法除之
適盡故加乙丙各一是上下輩益以少從多也
欽裴新術置車一萬乘爲實加并衰本數三千
七百六十而一得二日三千七百六十分日之
二千四百八十以等數八十約子母爲四十七
分日之三十一於算較省
今有均輸卒甲縣一千二百人薄塞乙縣一千五百
九章算術細草圖說 卷六 均輸 六
五十人行道一日丙縣一千二百八十人行道二日
丁縣九百九十人行道三日戊縣一千七百五十人
行道五日凡五縣賦輸卒一月一千二百人欲以遠
近戶率多少衰出之問縣各幾何
荅曰
甲縣二百二十九人
乙縣二百八十六人
丙縣二百二十八人
丁縣一百七十一人
戊縣二百八十六人

爲衰 按此亦以日數爲均居所爲輸甲無行道日但以居所三十日爲率言欲爲均平之
率者當使甲三十人而出一人乙三十一人而出一人出一人者計役則皆一人一日是以可
爲均平之率 甲衰四乙衰五丙衰四丁衰三戊衰五
副并爲法以人數乘未并者各自爲實實如法
而一 各置所當出人數以其居所及行道日數如縣人數而一得戶率人役五日七
分日之五臣淳風等謹按爲衰於今有術副并爲所有率未并者各爲所求率以賦卒人數
爲所有數此術以別考則意同以廣異聞故存之也 有分者上下輩之
也今按丁分最少宜就戊除不從乙者丁近戊故也滿法除之有餘從乙丙分又少亦就乙除
有餘從甲除之適盡從甲丙二分其數正等三者於乙遠近皆同不以甲從乙者方以下從上
九章算術細草圖說 卷六 均輸 七
也
潢按注此術以別以疑似之誤居所爲輸當作
發卒爲輸
草曰令甲縣一千二百人如其居所三十日而
一得四十爲甲泛衰令乙縣一千五百五十人
如其居所及行道三十一日而一得五十爲乙
泛衰令丙縣一千二百八十人如其居所及行
道三十二日而一得四十爲丙泛衰令丁縣九
百九十人如其居所及行道三十三日而一得
三十爲丁泛衰令戊縣一千七百五十人如其

图 46 《九章算术细草图说》影印局部

高爵出少以次渐多，问各几何？”[①]

涉及贸易经济问题的算题有 41 问，主要是分钱、以钱易物（易丝织品、易漆、易矢竿、易鸡、易羊、易犬）、本息钱、田价等。易矢竿例：“今有出钱九百八十买矢竿五千八百二十枚，欲其贵贱率之，问各几何？”[②]

① （清）李潢撰：《九章算术细草图说》卷 3，郭书春主编：《中国科学技术典籍通汇・数学卷》，第四册，第 1007 页。
② （清）李潢撰：《九章算术细草图说》卷 2，郭书春主编：《中国科学技术典籍通汇・数学卷》，第四册，第 995 页。

三十八　《艺游录》

《艺游录》（图 47），二卷，清骆腾凤撰。骆腾凤（1770—1841），字鸣冈，号春池，山阳（今江苏淮安）人。其于衰分、方程、勾股等法及《九章》所未载与古今算书未能该洽者，溯其源，正其误，随所见而记之，作关于《九章算术》《孙子算经》《缉古算经》《数书九章》《测圆海镜》等书的研究札记二十二篇，十余万言，这就是《艺游录》。

《艺游录》涉及农业经济问题的算题有 3 问，主要是田亩面积、芝麻换豆。

涉及手工业经济问题的算题有 1 问，是织布。

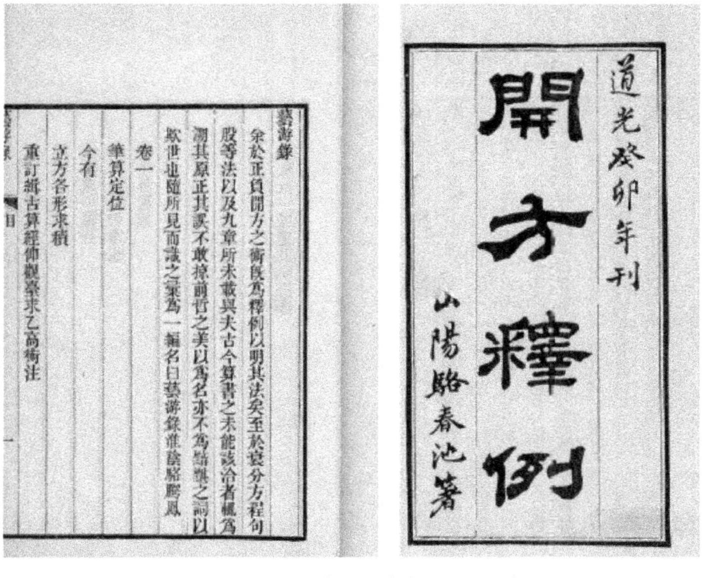
藝游錄
余於正負開方之術既為釋例以明其法矣至於衰分方程句股等法以及九章所未載與夫古今算書之未能該洽者輒為溯其原正其誤不敢掠前哲之美以為名亦不為臆撰之詞以欺世也隨所見而識之彙為一編名曰藝游錄淮陰駱騰鳳
卷一
籌算定位
今有
立方各形求積
重訂緝古算經仰觀臺求乙高術注

道光癸卯年刊
開方釋例
山陽駱春池著

图 47　《艺游录》道光癸卯年（1843 年）刊

涉及工程经济问题的算题有 9 问，主要是方邑、方城、圆城城径等。

涉及金融经济问题的算题有 1 问，是银钱互换。

涉及贸易经济问题的算题有 22 问，主要是以钱易物（易鸡）、分钱、以物换物等。其中，以钱易物例："今有银六十七两五钱，共买物一百，大价八钱，小价三钱，问大小物各几何？"[①]分钱例："今有三人三分人之一，分六钱三分钱之一，四分钱之三，问人得几何？"[②]牛羊易猪例："今有以牛二羊五作价易豖十三银余五两，以牛一豖一易羊三适足，以羊六豖八易牛五不足三两，问牛羊豖价各几何？"[③]

① （清）骆腾凤撰：《艺游录》卷 2，郭书春主编：《中国科学技术典籍通汇·数学卷》，第五册，第 179 页。
② （清）骆腾凤撰：《艺游录》卷 2，郭书春主编：《中国科学技术典籍通汇·数学卷》，第五册，第 177 页。
③ （清）骆腾凤撰：《艺游录》卷 2，郭书春主编：《中国科学技术典籍通汇·数学卷》，第五册，第 186 页。

三十九 《求一术通解》

《求一术通解》(图 48、图 49),二卷,清黄宗宪撰。黄宗宪,字玉屏,号小谷,湖南新化人,约生于 19 世纪 40 年代,卒于 20 世纪初。据考,黄宗宪与左宗棠之侄左潜曾一同师事“湖南数学之领袖”丁取忠,故左潜在《求一术通解·序》中说:

> 黄君健于思而锐于进,凡古算之繁者,深者,变幻而莫测者,必一一究其源。尝言:数莫简于较,西算之精善于求较耳。余心折焉,自是君所立算法,所言算理,与余多暗合。先是,余增订徐君青先生(即徐有壬,引者注)《割圆缀术》既成。忽悟通分捷法,析分母、分子为极小数根,而同者去之,凡多项通分,顷刻立就。因演数草,手录成帙。君方校订,时君请甫求一术指阅余法。遂悟泛母求定母捷法(即将泛母进行素因数分解,引者注),继又悟求乘率捷法。又月余,遂成《通解》二卷示余。……夫《孙子算经》“物不知数”一题,以三五七立算,在大衍题尚为浅显。经中有术无草,殆未深求至理,原非有意故秘机缄。至宋秦氏始立约分、求等、求乘率诸法,数虽烦琐,理实精深。后之攻是术者,皆未能洞悉其源,是以于所以然之理,俱未能切近言之也。今黄君是书极力推阐,简捷精详于秦术之外,别树一帜,而理亦殊途同归。且大衍诸题算式不一,古法每次约分只得一式,遗漏良多。今变为数根,端倪毕露,可谓简而弥赅,而以记数解秦氏天元,尤为千古卓见。[①]

① 顾廷龙主编,《续修四库全书》编纂委员会编:《续修四库全书》第 1047 册《子部·天文算法类》,上海:上海古籍出版社,1996 年,第 667—668 页。

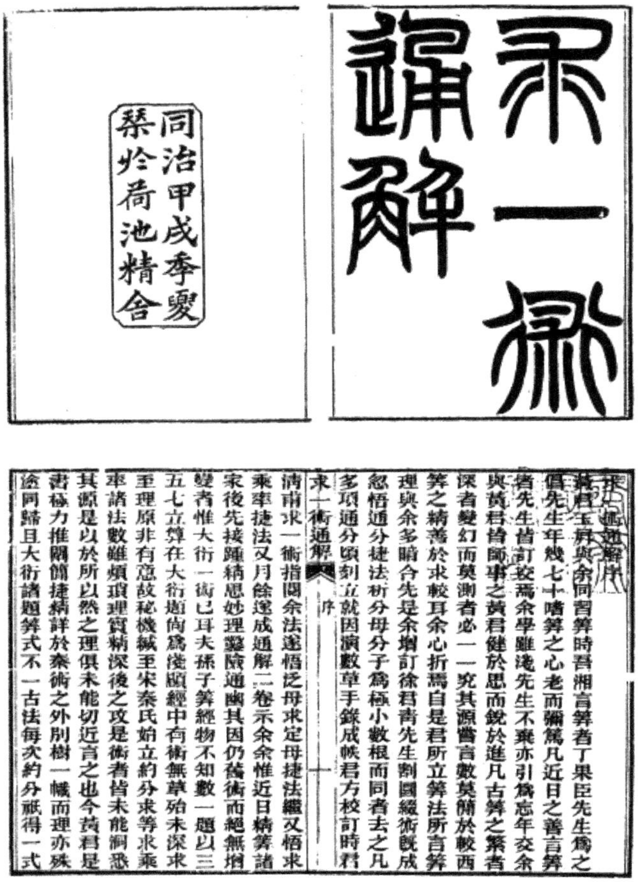

求一術通解

同治甲戌季夏
槑於荷池精舍

求一術通解序

黄君玉屏與余同習算時吾湘言算者丁果臣先生爲之倡先生年幾七十嗜算之心老而彌篤凡近日之善言算者先生皆訂交焉余學雖淺先生不棄亦引爲忘年交余與黄君皆師事之黄君健於思而銳於進凡古算之繁者深者變幻而莫測者必一一究其源嘗言數莫簡於較西算之精善於求較耳余心折焉自是君所立算法所言算理與余多暗合先是余增訂徐君青先生割圜綴術既成忽悟通分捷法析分母分子爲極小數根而同者去之凡多項通分頃刻立就因演數草手錄成帙君方校訂時君

求一術通解　序　一

猶甫求一術指闕余法遂悟泛母求定母捷法繼又悟求乘率捷法又月餘遂成通解二卷示余余惟近日精算諸家後先接踵精思妙理鑿險通幽其因仍舊術而絕無増變者惟大衍一術已耳夫孫子算經物不知數一題以三五七立算在大衍固尚爲淺顯經中有術無草殆未深求至理原非有意故秘機緘至宋秦氏始立約分求等求乘率諸法數雖煩瑣理實精深後之攻是術者皆未能洞悉其源是以於所以然之理俱未能切近言之也今黄君是書極力推闡簡捷精詳於秦術之外別樹一幟而理亦殊途同歸且大衍諸題算式不一古法每先約分祇得一式

图 48　《求一术通解》影印局部 1

由此可见，黄宗宪的《求一术通解》给清中叶以来对秦九韶大衍求一术的研究和改进画上了一个圆满的句号。

《求一术通解》初刻于同治十三年（1874 年），被选为《白芙堂算学丛书》中的一种。全书上卷先是孙子问题，接着是杨辉各题，边阐释立术道理，边演述它的整个求解过程，十分清楚。下卷涉及各种应该注意的情形和可以另立的解法，体现出灵活变通性，内容丰富实用。

《求一术通解》涉及工程经济问题的算题有 2 问，是筑堤和砌基。如筑堤例：“今有堤长不知丈数，派甲乙丙丁四县均筑之，其四县夫每日筑长率

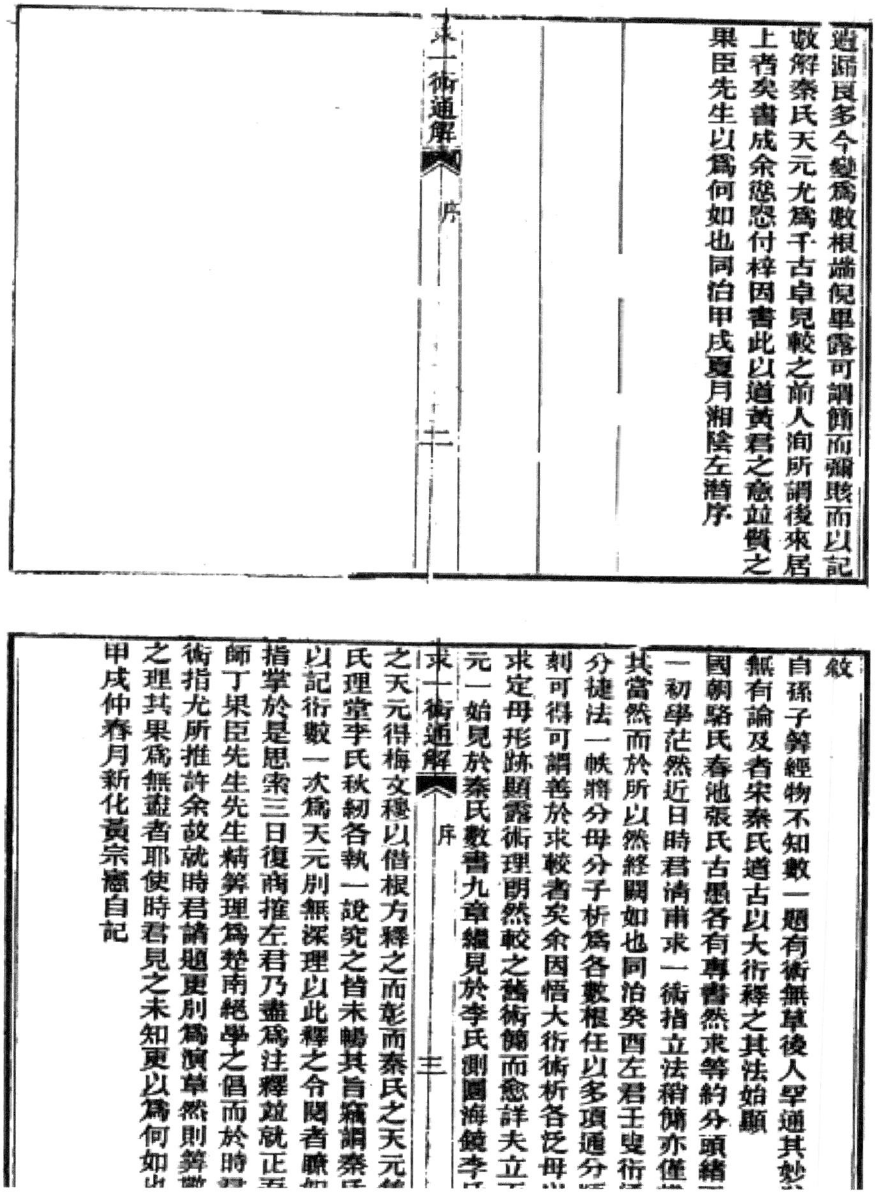
遺漏良多今變爲數根端倪畢露可謂簡而彌賅而以記
數解秦氏天元尤爲千古卓見較之前人洵所謂後來居
上者矣書成余慫恿付梓因書此以道黃君之意並贅之
果臣先生以爲何如也同治甲戌夏月湘陰左潛序

求一術通解 序 十二

敘

自孫子算經物不知數一題有術無草後人罕通其妙
無有論及者宋秦氏道古以大衍釋之其法始顯
國朝駱氏春池張氏古愚各有專書然求等約分頭緒
一初學茫然近日時君清甫求一術指立法稍簡亦僅
其當然而於所以然終闕如也同治癸酉左君壬叟衍
分捷法一帙將分母分子析爲各數根任以多項通分
剩可得可謂善於求較者矣余因悟大衍術析各泛母
求定母形跡顯露術理朗然較之舊術簡而愈詳夫立
元一始見於秦氏數書九章繼見於李氏測圓海鏡李
之天元得梅文穆以借根方釋之而彰而秦氏之天元
氏理堂李氏秋紉各執一說究之皆未暢其旨竊謂秦
以記術數一次爲天元則無深理以此釋之令閱者瞭
指掌於是思索三日復商摧左君乃盡爲注釋並就正
師丁果臣先生先生精算理爲楚南絕學之倡而於時
術指尤所推許余故就時君請題更則爲演草然則算
之理其果爲無盡者耶使時君見之未知更以爲何如
甲戌仲春月新化黃宗憲自記

求一術通解 序 三

图 49 《求一术通解》影印局部 2

同前题，各县俱筑毕不计日数，甲县胜六丈，乙县胜五十四丈，丙县升三十六丈，丁县胜二十四丈，皆不及一日全功，问堤通长若干及各县应筑堤长若干。”[①]

尤其是近代火炮技术传入中国以后，为了研究弹道原理，黄宗宪开始关注运动学与抛物线的原理等问题。如他对李善兰的《火器真诀》一书，从弧线三角的角度作了更深入的阐释，不仅内容较原书又增加了几倍的篇幅，而且通过“附增释例一条”使《火器真诀》的内容更为实用，以期“异日（我国）武备之强，定不让泰西人称绝艺矣”[②]。

① （清）黄宗宪撰：《求一术通解》卷下，郭书春主编：《中国科学技术典籍通汇・数学卷》，第五册，第1137页。

② （清）黄宗宪：《练炮宜知・记》，《古琴古砚斋算率》，清光绪二十二年（1896年）刊本。

四十 《四元玉鉴细草》

清代学者为朱世杰《四元玉鉴》所写的注释、细草主要有罗士琳、戴煦和沈钦裴三家。其中戴煦的未刊抄本藏台湾清华大学历史研究所，而罗士琳刻本则被收入《古今算学丛书》及《测海山房丛刻》等诸多丛书之中，在学界影响颇大。相较于前二者，沈钦裴抄本虽然未刊出流通，名气不大，但它却是清代最早为朱世杰《四元玉鉴》所写的细草，且对四元消法与垛积术的理解亦比前二者深刻。因之，本书重点介绍沈钦裴的《四元玉鉴细草》。

《四元玉鉴细草》（图 50），道光九年（1829 年）所撰，无卷数，北京图书馆（今中国国家图书馆）藏抄本作《四元细草》，六册，为《四元玉鉴》全书细草。朱记荣《国朝未刊遗书志略》作《四元玉鉴演草》，张文虎（1808—1885）《舒艺室杂著》甲编，刘铎、冯澂《古今算学书录·算学考初编合注》（见《四部总录算法编》）作《四元玉鉴细草》。

《四元玉鉴细草》涉及农业经济问题的算题有 18 问，主要是贮存粮食、田亩面积，田亩的主要类型有梯田、圭田、勾股田、弧田、方田、圆田、直田等。

涉及手工业经济问题的算题有 1 问，是织锦。

涉及工程经济问题的算题有 9 问，主要是筑堤，筑方城，造仰观台、圆台、方台，城径等。

涉及财政经济问题的算题有 1 问，是纳税银。

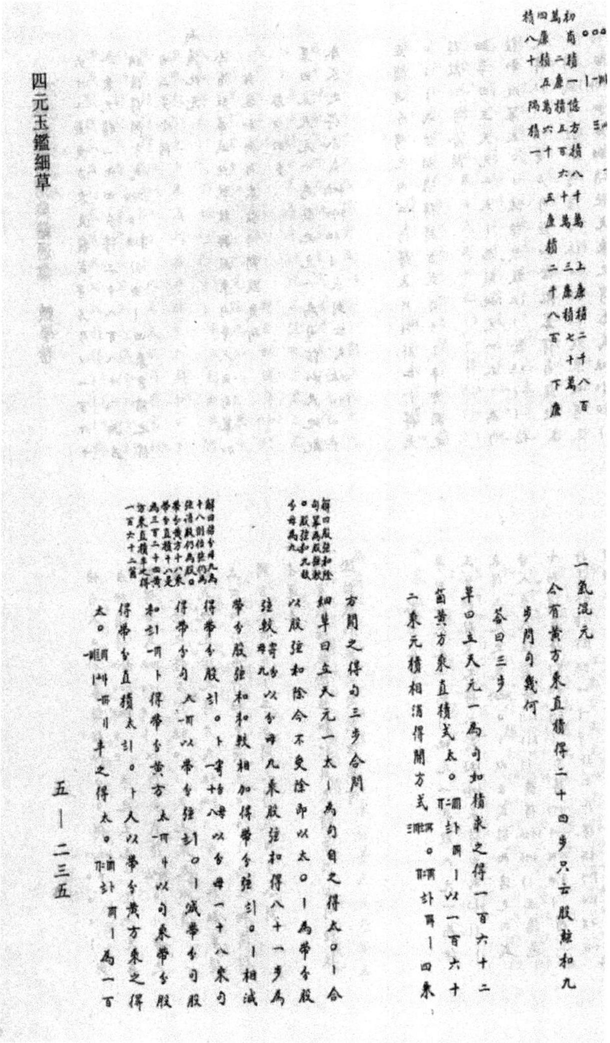
四元玉鑑細草

一氣混元

今有黃方乘直積得二十四步只云股弦和九步問句幾何

答曰三步

五一二三五

图 50 《四元玉鉴细草》影印局部

涉及贸易经济问题的算题有 19 问，主要是以钱易物（易丝织品、易豆）、分钱等。分钱例：“今有钱八贯六百一十二文，已令五人分之，只云，乙如甲五分之三，丙不及乙一贯八百八十文，并甲丙以乙除之，所得与戊同丁少如丙七百九十文，问各分几何？”[①]

① （清）沈钦裴撰：《四元玉鉴细草》，郭书春主编：《中国科学技术典籍通汇 · 数学卷》，第五册，第 406 页。

涉及军事经济问题的算题有 11 问，主要是方圆箭，依立方、平方招兵。招兵例："今有官司依立方招兵，初招方面三尺，次招方面转多一尺，每人日支钱二百五十文，已招二万三千四百人，支钱二万三千四百六十二贯，问招来几日？"①

① （清）沈钦裴撰：《四元玉鉴细草》，郭书春主编：《中国科学技术典籍通汇·数学卷》，第五册，第 369 页。

附录　算题分类

注：以下《算经十书》均依郭书春校注本为准，其他则依《中国科学技术典籍通汇》本为准。

（一）农业经济数学类算题

《九章算术》

卷 1《方田》，第 1 页，3 题；第 2 页，1 题；第 5 页，6 题；第 6 页，6 题；第 7 页，2 题；第 11 页，4 题；第 12 页，2 题。共 24 题。

卷 2《粟米》，第 15 页，5 题；第 16 页，5 题；第 17 页，5 题；第 18 页，7 题；第 19 页，3 题。共 25 题。

卷 3《衰分》，第 25 页，1 题（农业纠纷）；第 27 页，1 题；第 28 页，1 题；第 30 页，1 题。共 4 题。

卷 4《少广》，第 32 页，2 题；第 33 页，4 题；第 34 页，3 题；第 35 页，2 题。共 11 题。

卷 6《均输》，第 70 页，1 题。

卷 8《方程》，第 84 页，1 题；第 85 页，1 题；第 86 页，1 题；第 87 页，3 题；第 91 页，3 题。共 9 题。

《孙子算经》

卷中，第 10 页，4 题；第 11 页，4 题；第 12 页，1 题；第 14 页，1 题。共 10 题。

卷下，第 18 页，1 题；第 19 页，1 题；第 20 页，1 题；第 21 页，2 题；第 23 页，2 题；第 24 页，1 题。共 8 题。

《张丘建算经》

卷上，第 14 页，1 题。

卷中，第 20 页，1 题；第 24 页，3 题。共 4 题。

卷下，第 27 页，2 题；第 28 页，2 题；第 34 页，2 题；第 38 页，1 题；第 39 页，2 题；第 42 页，1 题。共 10 题。

《五曹算经》

卷 1《田曹》，第 1 页，5 题；第 2 页，6 题；第 3 页，6 题；第 4 页，2 题。共 19 题。

卷 3《集曹》，第 8 页，4 题；第 9 页，1 题；第 10 页，1 题。共 6 题。

卷 4《仓曹》，第 11 页，2 题；第 12 页，4 题；第 13 页，3 题。共 9 题。

《缉古算经》

第 12 页，1 题；第 13 页，1 题；第 14 页，1 题；第 15 页，2 题；第 16 页，1 题；第 17 页，1 题。共 7 题。

《夏侯阳算经》

卷上，第 4 页，5 题；第 5 页，1 题；第 7 页，1 题；第 8 页，2 题。共 9 题。

卷中，第 10 页，1 题。

《数书九章》

卷 1，第 456 页，1 题。

卷 5，第 497 页，1 题；第 498 页，1 题；第 499 页，2 题；第 500 页，1 题。共 5 题。

卷 6，第 503 页，1 题；第 504 页，1 题。共 2 题。

卷 10，第 546 页，1 题。

卷 12，第 568 页，1 题；第 575 页，1 题；第 581 页，1 题。共 3 题。

《益古演段》

卷上，第 875 页，1 题；第 877 页，2 题；第 879 页，1 题；第 880 页，1 题；第 882 页，1 题；第 883 页，1 题；第 884 页，1 题；第 885 页，1 题；第 886 页，1 题；第 888 页，1 题；第 889 页，1 题；第 890 页，1 题；第 891 页，2 题；第 892 页，1 题；第 893 页，1 题；第 894 页，1 题；第 895 页，1 题；第 896 页，2 题；第 897 页，1 题。共 22 题。

卷中，第 899 页，1 题；第 900 页，1 题；第 901 页，1 题；第 902 页，2 题；第 903 页，1 题；第 904 页，2 题；第 905 页，1 题；第 906 页，1 题；第 907 页，1 题；第 908 页，2 题；第 909 页，1 题；第 910 页，1 题；第 912 页，2 题；第 914 页，1 题；第 915 页，1 题。共 19 题。

卷下，第 916 页，1 题；第 919 页，1 题；第 920 页，1 题；第 921 页，1 题；第 922 页，2 题；第 923 页，1 题；第 924 页，2 题；第 925 页，1 题；第 926 页，1 题；第 927 页，1 题；第 928 页，1 题；第 929 页，1 题；第 931 页，1 题；第 932 页，2 题；第 933 页，1 题；第 934 页，1 题；第 935 页，1 题；第 937 页，1 题；第 938 页，1 题。共 22 题。

《杨辉算法》

第 1051 页，2 题；第 1052 页，2 题；第 1057 页，1 题；第 1058 页，5 题；第 1059 页，1 题；第 1064 页，2 题；第 1067 页，3 题；第 1068 页，1 题；第 1069 页，1 题；第 1070 页，1 题；第 1071 页，1 题。共 20 题。

第 1074 页，2 题；第 1075 页，1 题；第 1076 页，1 题；第 1078 页，3 题；第 1079 页，1 题；第 1081 页，2 题；第 1082 页，3 题；第 1083 页，3 题；第 1084 页，2 题；第 1085 页，2 题；第 1086 页，2 题；第 1087 页，1 题；第 1088 页，2 题；第 1089 页，3 题；第 1090 页，2 题；第 1091 页，3 题；第 1092 页，2 题；第 1093 页，4 题；第 1094 页，2 题。共 41 题。

第 1103 页，2 题；第 1104 页，4 题；第 1105 页，5 题。共 11 题。

《算学启蒙》

卷上，第 1134 页，1 题；第 1137 页，1 题；第 1139 页，1 题；第 1145

页，1 题；第 1147 页，3 题。共 7 题。

卷中，第 1148 页，7 题；第 1149 页，5 题；第 1150 页，3 题；第 1151 页，6 题；第 1152 页，1 题；第 1156 页，1 题；第 1157 页，1 题。共 24 题。

卷下，第 1171 页，1 题；第 1175 页，1 题；第 1183 页，2 题；第 1184 页，4 题；第 1185 页，3 题；第 1186 页，2 题；第 1188 页，2 题；第 1189 页，1 题。共 16 题。

《四元玉鉴》

卷上，第 1214 页，3 题；第 1215 页，4 题；第 1216 页，5 题；第 1217 页，5 题；第 1220 页，5 题；第 1221 页，1 题。共 23 题。

卷中，第 1229 页，1 题；第 1230 页，4 题；第 1231 页，4 题；第 1239 页，1 题；第 1241 页，1 题；第 1244 页，5 题；第 1245 页，5 题；第 1246 页，3 题；第 1247 页，4 题；第 1248 页，2 题。共 30 题。

卷下，第 1255 页，2 题；第 1256 页，5 题；第 1257 页，4 题；第 1258 页，4 题；第 1259 页，3 题；第 1261 页，2 题；第 1262 页，2 题；第 1265 页，2 题；第 1268 页，1 题；第 1269 页，1 题。共 26 题。

《丁巨算法》

第 1304 页，1 题。

《算法全能集》

第 1338 页，2 题；第 1339 页，7 题；第 1340 页，7 题；第 1341 页，7 题；第 1342 页，7 题；第 1343 页，2 题。共 32 题。

《详明算法》

卷上，第 1365 页，1 题。

卷下，第 1390 页，5 题；第 1391 页，4 题；第 1392 页，7 题；第 1393 页，5 题。共 21 题。

《永乐大典算法》

第 1414 页，4 题；第 1415 页，4 题；第 1416 页，1 题。共 9 题。

《九章算法比类大全》

第16页，1题；第20页，1题；第27页，1题；第42页，4题；第50页，8题；第53页，6题；第54页，8题；第55页，4题；第58页，2题；第59页，4题；第60页，6题；第61页，11题；第62页，6题；第63页，8题；第64页，6题；第65页，8题；第66页，8题；第67页，9题；第68页，9题；第69页，4题；第70页，5题；第71页，8题；第72页，6题；第73页，2题；第77页，4题；第105页，1题；第126页，1题（赔偿）；第127页，1题；第129页，1题；第132页，1题；第135页，1题；第143页，1题；第148页，1题；第154页，1题；第157页，1题（赔偿）；第189页，2题；第198页，6题；第199页，8题；第200页，8题；第201页，4题；第206页，1题；第207页，1题；第212页，2题；第225页，1题；第230页，2题；第243页，1题；第247页，1题；第265页，1题；第277页，6题；第276页，3题；第278页，2题；第279页，2题；第285页，1题；第294页，1题；第295页，4题；第296页，2题；第300页，2题；第301页，4题；第302页，4题；第303页，3题；第304页，3题；第305页，4题；第306页，6题；第307页，2题；第321页，1题；第322页，2题；第324页，1题；第325页，1题；第326页，1题；第327页，1题。共243题。

《算学宝鉴》

第370页，1题；第380页，1题；第385页，1题；第395页，1题；第397页，1题；第398页，1题；第400页，1题；第401页，1题；第409页，1题；第418页，1题；第420页，1题；第421页，1题；第422页，1题；第423页，2题；第424页，1题；第425页，1题；第428页，1题；第429页，1题；第430页，1题；第432页，2题；第437页，6题；第438页，5题；第439页，3题；第440页，4题；第441页，4题；第442页，2题；第444页，4题；第445页，3题；第447页，1题；第450页，2题；第451页，1题；第452页，2题；第453页，2题；第454页，

3 题；第 455 页，2 题；第 456 页，3 题；第 459 页，3 题；第 461 页，5 题；第 462 页，3 题；第 463 页，2 题；第 464 页，1 题；第 466 页，1 题；第 467 页，5 题；第 468 页，4 题；第 469 页，3 题；第 470 页，2 题；第 471 页，1 题；第 472 页，4 题；第 473 页，5 题；第 474 页，5 题；第 475 页，5 题；第 476 页，5 题；第 477 页，5 题；第 478 页，6 题；第 479 页，3 题；第 481 页，1 题；第 495 页，2 题；第 510 页，1 题；第 516 页，1 题；第 535 页，1 题；第 539 页，1 题；第 546 页，3 题；第 547 页，4 题；第 548 页，4 题；第 549 页，4 题；第 550 页，1 题；第 551 页，3 题；第 552 页，1 题；第 553 页，1 题；第 554 页，1 题；第 556 页，1 题；第 557 页，1 题；第 558 页，1 题；第 559 页，1 题；第 560 页，2 题；第 561 页，2 题；第 562 页，1 题；第 564 页，1 题；第 565 页，2 题；第 566 页，1 题；第 567 页，1 题；第 568 页，1 题；第 569 页，2 题；第 570 页，1 题；第 571 页，1 题；第 572 页，1 题；第 574 页，2 题；第 575 页，1 题；第 576 页，1 题；第 577 页，3 题；第 578 页，1 题；第 579 页，2 题；第 580 页，3 题；第 581 页，3 题；第 582 页，3 题；第 583 页，1 题；第 584 页，3 题；第 585 页，2 题；第 586 页，2 题；第 587 页，1 题；第 588 页，1 题；第 589 页，1 题；第 590 页，1 题；第 591 页，2 题；第 592 页，1 题；第 593 页，1 题；第 594 页，1 题；第 595 页，2 题；第 596 页，2 题；第 597 页，2 题；第 598 页，1 题；第 615 页，2 题；第 617 页，1 题；第 618 页，1 题；第 619 页，2 题；第 636 页，1 题；第 693 页，1 题；第 695 页，1 题；第 752 页，2 题；第 764 页，1 题；第 767 页，1 题；第 768 页，3 题；第 769 页，1 题；第 770 页，1 题；第 772 页，2 题；第 773 页，2 题；第 778 页，2 题；第 792 页，2 题；第 793 页，1 题；第 794 页，1 题；第 798 页，1 题；第 800 页，2 题；第 801 页，1 题；第 802 页，1 题；第 804 页，1 题；第 805 页，1 题；第 806 页，1 题；第 808 页，1 题；第 809 页，1 题；第 810 页，1 题；第 824 页，2 题；第 825 页，2 题；第 826 页，2 题；第 827 页，2 题；第 828 页，2 题；第 829 页，2 题；第 833 页，1 题；第 834 页，2 题；第 835

页，2 题；第 836 页，2 题；第 837 页，2 题；第 839 页，1 题；第 840 页，2 题；第 842 页，2 题；第 843 页，1 题；第 844 页，2 题；第 845 页，2 题；第 846 页，1 题；第 847 页，1 题；第 849 页，2 题；第 850 页，1 题；第 851 页，2 题；第 852 页，1 题；第 857 页，1 题；第 887 页，1 题；第 888 页，1 题；第 889 页，2 题；第 890 页，1 题；第 891 页，1 题；第 892 页，2 题；第 893 页，2 题；第 907 页，1 题；第 941 页，1 题；第 950 页，1 题；第 952 页，1 题；第 953 页，1 题；第 954 页，2 题；第 955 页，1 题；第 956 页，1 题；第 957 页，2 题；第 958 页，1 题。共 330 题。

《勾股算术》

第 977 页，1 题；第 978 页，1 题；第 979 页，2 题；第 980 页，1 题；第 981 页，3 题；第 984 页，3 题；第 985 页，2 题。共 13 题。

《弧矢算术》

第 1092 页，1 题；第 1093 页，1 题。共 2 题。

《盘珠算法》

第 1148 页，2 题；第 1149 页，3 题；第 1151 页，5 题；第 1155 页，3 题；第 1157 页，2 题；第 1160 页，1 题。共 16 题。

《数学通轨》

第 1185 页，4 题；第 1186 页，5 题；第 1187 页，1 题；第 1188 页，4 题；第 1203 页，1 题（赔偿）。共 15 题。

《算法统宗》

第 1241 页，1 题；第 1243 页，1 题；第 1247 页，1 题；第 1250 页，1 题；第 1251 页，1 题；第 1255 页，1 题；第 1258 页，2 题；第 1265 页，2 题；第 1266 页，7 题；第 1267 页，8 题；第 1268 页，6 题；第 1269 页，6 题；第 1271 页，1 题；第 1272 页，1 题；第 1273 页，1 题；第 1274 页，2 题；第 1276 页，3 题；第 1277 页，2 题；第 1278 页，4 题；第 1280 页，4 题；第 1282 页，3 题；第 1283 页，4 题；第 1284 页，2 题；第 1301 页，1 题；第 1310 页，2 题；第 1311 页，1 题；第 1312 页，2 题；第 1313 页，3

题；第 1314 页，3 题；第 1315 页，2 题；第 1316 页，1 题；第 1318 页，2 题；第 1319 页，3 题；第 1320 页，2 题；第 1321 页，1 题；第 1330 页，4 题；第 1331 页，6 题；第 1332 页，1 题；第 1333 页，4 题；第 1334 页，3 题；第 1335 页，3 题；第 1343 页，1 题；第 1354 页，1 题；第 1371 页，2 题；第 1390 页，1 题；第 1392 页，1 题；第 1404 页，1 题。共 115 题。

《算法指南》

第 1435 页，6 题；第 1436 页，3 题；第 1437 页，3 题；第 1443 页，1 题；第 1445 页，3 题；第 1446 页，4 题；第 1447 页，8 题；第 1449 页，4 题。共 32 题。

《数理精蕴》

第 200 页，1 题；第 230 页，1 题；第 237 页，1 题；第 239 页，1 题；第 253 页，1 题；第 258 页，1 题；第 261 页，2 题；第 262 页，1 题；第 268 页，1 题；第 283 页，1 题；第 291 页，1 题；第 316 页，1 题；第 333 页，1 题；第 357 页，1 题；第 364 页，1 题；第 375 页，1 题；第 389 页，1 题；第 426 页，1 题；第 851 页，1 题；第 853 页，1 题；第 1027 页，1 题；第 1111 页，1 题；第 1177 页，1 题；第 1228 页，1 题。共 25 题。

《同文算指》

第 123 页，1 题；第 128 页，1 题；第 140 页，1 题；第 142 页，1 题；第 144 页，1 题；第 161 页，1 题；第 182 页，1 题；第 188 页，1 题；第 234 页，1 题；第 239 页，1 题；第 248 页，2 题；第 249 页，1 题；第 251 页，2 题；第 252 页，1 题。共 16 题。

《方程论》

第 328 页，1 题；第 378 页，2 题；第 398 页，2 题；第 401 页，1 题。共 6 题。

《缉古算经考注》

第 1271 页，1 题；第 1273 页，1 题；第 1276 页，1 题；第 1278 页，1 题；第 1279 页，1 题；第 1281 页，1 题。共 6 题。

《九章算术细草图说》

第 948 页，2 题；第 949 页，2 题；第 955 页，6 题；第 956 页，2 题；第 957 页，7 题；第 958 页，1 题；第 972 页，2 题；第 978 页，3 题；第 979 页，2 题；第 981 页，4 题；第 982 页，3 题；第 983 页，3 题；第 984 页，4 题；第 985 页，3 题；第 986 页，2 题；第 987 页，2 题；第 1004 页，1 题；第 1013 页，1 题；第 1018 页，2 题；第 1020 页，1 题；第 1021 页，1 题；第 1022 页，1 题；第 1023 页，1 题；第 1024 页，1 题；第 1025 页，1 题；第 1094 页，1 题；第 1113 页，1 题；第 1116 页，1 题；第 1126 页，1 题；第 1149 页，2 题；第 1153 页，1 题；第 1155 页，1 题；第 1163 页，1 题；第 1165 页，1 题。共 68 题。

《艺游录》

第 145 页，1 题；第 178 页，2 题。共 3 题。

《四元玉鉴细草》

第 263 页，1 题；第 265 页，1 题；第 357 页，2 题；第 358 页，2 题；第 359 页，3 题；第 360 页，1 题；第 361 页，1 题；第 362 页，1 题；第 363 页，1 题；第 364 页，1 题；第 385 页，2 题；第 390 页，1 题；第 399 页，1 题。共 18 题。

（二）财政经济数学类算题

《九章算术》

卷 3《衰分》，第 24 页，1 题；第 25 页，1 题；第 26 页，2 题；第 27 页，1 题。共 5 题。

卷 6《均输》，第 56 页，1 题；第 57 页，1 题；第 58 页，1 题；第 60 页，1 题；第 65 页，1 题；第 71 页，1 题；第 72 页，1 题。共 7 题。

《张丘建算经》

卷上，第 7 页，1 题；第 8 页，1 题。共 2 题。

卷中，第 19 页，1 题。

《五曹算经》

卷 4《仓曹》，第 11 页，2 题。

《缉古算经》

第 10 页，1 题。

《夏侯阳算经》

卷中，第 10 页，2 题；第 11 页，2 题；第 12 页，2 题；第 13 页，2 题；第 17 页，3 题；第 18 页，2 题。共 13 题。

卷下，第 21 页，2 题；第 23 页，1 题；第 25 页，3 题。共 6 题。

《数书九章》

卷 1，第 453 页，1 题。

卷 9，第 536 页，1 题。

卷 10，第 547 页，1 题；第 550 页，1 题；第 551 页，1 题；第 552 页，1 题；第 555 页，1 题；第 558 页，1 题。共 6 题。

卷 11，第 559 页，1 题；第 566 页，1 题。共 2 题。

卷 12，第 580 页，1 题。

卷 17，第 634 页，1 题。

卷 18，第 640 页，1 题。

《杨辉算法》

第 1051 页，1 题；第 1052 页，1 题；第 1054 页，1 题；第 1055 页，2 题；第 1056 页，1 题；第 1057 页，1 题；第 1058 页，1 题；第 1070 页，1 题。共 9 题。

《算学启蒙》

卷上，第 1133 页，1 题；第 1134 页，1 题；第 1135 页，1 题；第 1142 页，6 题。共 9 题。

卷中，第 1158 页，1 题；第 1160 页，1 题；第 1161 页，1 题。共 3 题。

《透帘细草》

第 1289 页，1 题；第 1292 页，1 题。共 2 题。

《丁巨算法》

第 1304 页，3 题；第 1305 页，2 题；第 1306 页，1 题；第 1307 页，2 题；第 1308 页，2 题；第 1311 页，1 题。共 11 题。

《算法全能集》

第 1320 页，1 题；第 1326 页，2 题；第 1329 页，2 题；第 1330 页，2 题；第 1331 页，2 题；第 1332 页，1 题。共 10 题。

《详明算法》

卷上，第 1358 页，1 题。

卷下，第 1373 页，2 题；第 1377 页，1 题；第 1378 页，2 题；第 1379 页，2 题；第 1380 页，1 题；第 1381 页，1 题；第 1394 页，2 题。共 11 题。

《永乐大典算法》

第 1403 页，2 题；第 1404 页，2 题；第 1405 页，1 题；第 1406 页，1 题。共 6 题。

《诸家算法及序记》

第 1440 页，1 题；第 1442 页，3 题。共 4 题。

《九章算法比类大全》

第 23 页，1 题；第 24 页，2 题；第 25 页，1 题；第 73 页，1 题；第 87 页，1 题；第 126 页，2 题；第 127 页，3 题；第 130 页，2 题；第 134 页，1 题；第 135 页，2 题；第 136 页，1 题；第 137 页，2 题；第 138 页，1 题；第 139 页，1 题；第 140 页，2 题；第 141 页，1 题；第 143 页，1 题；第 145 页，2 题；第 146 页，1 题；第 147 页，1 题；第 150 页，1 题；第 153 页，1 题；第 209 页，1 题；第 210 页，1 题；第 215 页，4 题；第 216 页，1 题；第 217 页，1 题；第 218 页，3 题；第 220 页，5 题；第 225 页，2 题；第 227 页，2 题；第 241 页，1 题；第 251 页，1 题；第 261 页，1 题。共 54 题。

《算学宝鉴》

第367页，2题；第369页，1题；第376页，1题；第378页，1题；第379页，1题；第380页，2题；第381页，1题；第384页，1题；第386页，1题；第401页，1题；第402页，1题；第403页，1题；第410页，1题；第412页，3题；第413页，1题；第414页，1题；第420页，1题；第428页，1题；第501页，1题；第502页，1题；第513页，1题；第514页，1题；第518页，1题；第523页，1题；第533页，1题；第535页，1题；第537页，2题；第540页，1题；第645页，1题；第647页，1题；第649页，2题；第672页，1题；第680页，1题；第687页，1题；第688页，3题；第689页，4题；第690页，3题；第916页，1题；第917页，1题。共52题。

《盘珠算法》

第1145页，1题。

《数学通轨》

第1197页，2题；第1203页，1题。共3题。

《算法统宗》

第1281页，3题；第1294页，2题；第1295页，6题；第1296页，2题；第1289页，1题；第1299页，2题；第1300页，1题；第1302页，1题；第1348页，1题；第1351页，1题；第1354页，1题；第1358页，1题；第1417页，1题。共23题。

《算法指南》

第1440页，1题；第1443页，1题。共2题。

《数理精蕴》

第194页，1题；第195页，1题；第202页，1题；第203页，1题；第231页，1题；第251页，1题；第255页，1题；第256页，1题；第258页，1题；第259页，3题；第265页，2题；第269页，1题；第272页，1题；第277页，1题；第289页，2题；第303页，3题；第355页，

1题；第400页，1题；第1036页，1题；第1040页，1题；第1187页，1题。共27题。

《同文算指》

第132页，1题；第140页，1题；第141页，3题；第143页，3题；第144页，2题；第150页，1题；第153页，1题；第163页，1题；第185页，1题。共14题。

《方程论》

第344页，1题；第350页，2题；第354页，2题；第359页，1题；第385页，1题；第386页，2题。共9题。

《九章算术细草图说》

第999页，1题；第1001页，1题；第1002页，1题；第1003页，1题；第1007页，1题；第1083页，1题；第1085页，1题；第1091页，1题；第1105页，1题；第1117页，1题；第1165页，1题。共11题。

《四元玉鉴细草》

第404页，1题。

（三）工程经济数学类算题

《九章算术》

卷5《商功》，第43页，2题；第44页，7题；第45页，3题；第46页，2题；第47页，2题；第48页，1题；第49页，2题；第50页，2题；第51页，4题；第52页，2题；第53页，1题；第54页，3题。共31题。

卷8《方程》，第90页，1题。

卷9《勾股》，第100页，2题；第101页，3题；第102页，1题；第103页，1题。共7题。

《海岛算经》

第2页，1题；第3页，1题。共2题。

《孙子算经》

卷中，第 12 页，1 题；第 14 页，2 题。共 3 题。

《张丘建算经》

卷上，第 6 页，1 题；第 14 页，1 题。共 2 题。

卷中，第 17 页，1 题；第 18 页，2 题；第 19 页，2 题。共 5 题。

卷下，第 27 页，1 题。

《缉古算经》

第 2 页，1 题；第 5 页，1 题；第 7 页，1 题；第 9 页，1 题；第 13 页，1 题。共 5 题。

《夏侯阳算经》

卷下，第 27 页，1 题。

《数书九章》

卷 1，第 451 页，1 题。

卷 2，第 461 页，1 题。

卷 8，第 533 页，1 题。

卷 13，第 582 页，1 题；第 586 页，1 题；第 586 页，1 题；第 590 页，1 题。共 4 题。

卷 14，第 591 页，1 题；第 600 页，1 题。共 2 题。

《测圆海镜》

卷 2，第 762—768 页，共 14 题。（正率十四问）

卷 3，第 769 页，2 题；第 770 页，2 题；第 771 页，1 题；第 772 页，2 题；第 773 页，2 题；第 774 页，1 题；第 775 页，1 题。共 11 题。

卷 4，第 780 页，2 题；第 781 页，2 题；第 782 页，1 题；第 783 页，2 题；第 784 页，1 题；第 785 页，2 题；第 786 页，1 题。共 11 题。

卷 5，第 791 页，3 题；第 792 页，3 题；第 793 页，1 题；第 794 页，3 题；第 795 页，2 题；第 796 页，1 题；第 797 页，1 题；第 798 页，1 题；第 799 页，2 题；第 800 页，2 题。共 19 题。

卷 6，第 802 页，2 题；第 803 页，4 题；第 804 页，2 题；第 805 页，2 题；第 806 页，2 题；第 807 页，1 题；第 808 页，2 题；第 809 页，1 题；第 81 页，2 题；第 811 页，1 题。共 19 题。

卷 7，第 813 页，1 题；第 814 页，1 题；第 818 页，1 题；第 819 页，3 题；第 820 页，2 题；第 821 页，2 题；第 822 页，3 题；第 823 页，2 题；第 824 页，2 题；第 825 页，1 题。共 18 题。

卷 8，第 826 页，1 题；第 828 页，2 题；第 829 页，1 题。共 4 题。

卷 9（上），第 837 页，1 题；第 838 页，2 题；第 839 页，1 题；第 840 页，1 题。共 5 题。

卷 11，第 849 页，2 题；第 851 页，1 题；第 852 页，1 题；第 856 页，1 题；第 857 页，1 题。共 6 题。

卷 12，第 861 页，1 题；第 862 页，1 题；第 863 页，2 题；第 864 页，1 题；第 866 页，1 题。共 6 题。

《杨辉算法》

第 1070 页，1 题。

第 1105 页，1 题；第 1108 页，1 题。共 2 题。

《算学启蒙》

卷中，第 1162 页，1 题；第 1163 页，4 题；第 1164 页，4 题；第 1165 页，1 题；第 1166 页，1 题。共 11 题。

卷下，第 1190 页，1 题。

《四元玉鉴》

卷上，第 1221 页，1 题；第 1222 页，1 题；第 1223 页，2 题；第 1224 页，3 题。共 7 题。

《透帘细草》

第 1284 页，2 题；第 1285 页，1 题。共 3 题。

《算法全能集》

第 1343 页，3 题；第 1344 页，6 题。共 9 题。

《详明算法》

卷下，第 1388 页，1 题；第 1395 页，3 题；第 1396 页，4 题；第 1397 页，1 题。共 9 题。

《九章算法比类大全》

第 52 页，5 题；第 191 页，5 题；第 192 页，5 题；第 193 页，2 题；第 194 页，3 题；第 195 页，3 题；第 197 页，5 题；第 271 页，2 题；第 272 页，2 题；第 274 页，3 题；第 284 页，1 题；第 311 页，1 题；第 316 页，2 题；第 314 页，1 题；第 315 页，2 题。共 42 题。

《算学宝鉴》

第 430 页，1 题；第 600 页，1 题；第 601 页，4 题；第 609 页，1 题；第 610 页，2 题；第 611 页，2 题；第 613 页，1 题；第 621 页，1 题；第 641 页，2 题；第 765 页，1 题；第 769 页，1 题；第 785 页，1 题；第 787 页，2 题；第 871 页，1 题；第 905 页，2 题；第 907 页，1 题。共 24 题。

《勾股算术》

第 87 页，1 题；第 89 页，1 题；第 99 页，1 题。共 3 题。

《算法统宗》

第 1338 页，1 题；第 1339 页，4 题；第 1341 页，6 题；第 1342 页，1 题；第 1371 页，2 题。共 14 题。

《数理精蕴》

第 797 页，1 题。

《同文算指》

第 118 页，1 题；第 120 页，3 题；第 123 页，1 题；第 127 页，2 题；第 128 页，2 题。共 9 题。

《方程论》

第 375 页，1 题。

《缉古算经考注》

第 1238 页，1 题；第 1254 页，1 题；第 1258 页，1 题；第 1263 页，1

题；第 1269 页，1 题。共 5 题。

《九章算术细草图说》

第 1077 页，1 题；第 1129 页，1 题；第 1192 页，2 题；第 1193 页，1 题。共 5 题。

《艺游录》

第 170 页，3 题；第 171 页，4 题；第 172 页，1 题；第 173 页，1 题。共 9 题。

《求一术通解》

第 1129 页，1 题；第 1137 页，1 题。共 2 题。

《四元玉鉴细草》

第 269 页，1 题；第 273 页，2 题；第 274 页，1 题；第 275 页，1 题；第 331 页，2 题；第 332 页，1 题；第 365 页，1 题。共 9 题。

（四）金融经济数学类算题

《孙子算经》

卷下，第 21 页，1 题。

《张丘建算经》

卷下，第 39 页，1 题。

《夏侯阳算经》

卷下，第 20 页，1 题；第 23 页，1 题。共 2 题。

《数书九章》

卷 18，第 638 页，1 题。

《杨辉算法》

第 1052 页，1 题；第 1053 页，2 题；第 1055 页，1 题；第 1058 页，1 题；第 1060 页，1 题；第 1063 页，1 题。共 7 题。

第 1076 页，1 题；第 1087 页，1 题。共 2 题。

第 1102 页，2 题。

《算学启蒙》

卷上，第 1131 页，1 题；第 1145 页，1 题。共 2 题。

卷中，第 1155 页，1 题。

《透帘细草》

第 1294 页，1 题；第 1296 页，1 题。共 2 题。

《丁巨算法》

第 1309 页，1 题；第 1310 页，1 题；第 1312 页，1 题；第 1313 页，4 题。共 7 题。

《算法全能集》

第 1321 页，1 题；第 1323 页，1 题。共 2 题。

《详明算法》

卷上，第 1366 页，1 题。

卷下，第 1386 页，4 题。

《永乐大典算法》

第 1405 页，1 题。

《诸家算法及序记》

第 1443 页，2 题；第 1444 页，2 题。共 4 题。

《九章算法比类大全》

第 18 页，1 题；第 22 页，1 题；第 26 页，1 题；第 27 页，5 题；第 29 页，1 题；第 30 页，1 题；第 34 页，2 题；第 45 页，1 题；第 73 页，1 题；第 93 页，4 题；第 95 页，2 题；第 107 页，1 题；第 114 页，4 题；第 123 页，2 题；第 152 页，1 题；第 203 页，3 题；第 205 页，3 题；第 323 页，1 题。共 35 题。

《算学宝鉴》

第 363 页，2 题；第 371 页，1 题；第 377 页，1 题；第 392 页，1 题；第 395 页，1 题；第 396 页，1 题；第 411 页，1 题；第 413 页，1 题；第

419 页，2 题；第 483 页，1 题；第 484 页，1 题；第 490 页，3 题；第 491 页，3 题；第 682 页，1 题；第 683 页，1 题；第 685 页，1 题。共 22 题。

《算法统宗》

第 1263 页，6 题；第 1281 页，2 题；第 1293 页，1 题。共 9 题。

《数理精蕴》

第 911 页，1 题；第 1031 页，1 题；第 1229 页，1 题。共 3 题。

《同文算指》

第 129 页，4 题；第 155 页，1 题；第 178 页，1 题。共 6 题。

《欧逻巴西镜录》

第 283 页，1 题；第 285 页，1 题；第 286 页，1 题。共 3 题。

《方程论》

第 341 页，1 题；第 342 页，1 题；第 343 页，1 题。共 3 题。

《艺游录》

第 145 页，1 题。

（五）军事经济数学类算题

《九章算术》

卷六《均输》，第 70 页，1 题。

《孙子算经》

卷下，第 18 页，2 题。

《张丘建算经》

卷上，第 3 页，2 题；第 4 页，2 题。共 4 题。

卷下，第 37 页，1 题。

《五曹算经》

卷 2《兵曹》，第 5 页，5 题；第 6 页，7 题。共 12 题。

《夏侯阳算经》

卷中，第 14 页，7 题；第 15 页，1 题。共 8 题。

卷下，第 27 页，2 题。

《数书九章》

卷 2，第 458 页，1 题。

卷 8，第 526 页，1 题；第 531 页，1 题。共 2 题。

卷 15，第 604 页，1 题；第 606 页，1 题；第 609 页，1 题。共 3 题。

卷 16，第 612 页，1 题；第 615 页，1 题；第 617 页，1 题；第 618 页，2 题。共 5 题。

《杨辉算法》

第 1076 页，1 题；第 1079 页，2 题；第 1082 页，2 题。共 5 题。

《算学启蒙》

卷上，第 1131 页，1 题；第 1146 页，2 题。共 3 题。

卷下，第 1172 页，2 题；第 1173 页，2 题。共 4 题。

《四元玉鉴》

卷中，第 1242 页，1 题；第 1243 页，6 题；第 1249 页，2 题；第 1250 页，2 题。共 11 题。

《透帘细草》

第 1286 页，1 题；第 1287 页，3 题；第 1289 页，1 题；第 1292 页，1 题。共 6 题。

《丁巨算法》

第 1302 页，1 题；第 1303 页，1 题；第 1308 页，1 题。共 3 题。

《算法全能集》

第 1324 页，1 题；第 1335 页，1 题。共 2 题。

《详明算法》

卷上，第 1370 页，1 题。

卷下，第 1384 页，1 题。

《永乐大典算法》

第 1401 页，3 题；第 1402 页，1 题。共 4 题。

《九章算法比类大全》

第 140 页，1 题；第 147 页，2 题；第 154 页，1 题；第 159 页，1 题；第 201 页，2 题；第 211 页，1 题；第 223 页，1 题；第 224 页，2 题；第 225 页，1 题；第 241 页，1 题；第 263 页，1 题；第 264 页，1 题；第 297 页，2 题；第 298 页，2 题。共 19 题。

《算学宝鉴》

第 373 页，1 题；第 376 页，1 题；第 403 页，1 题；第 407 页，1 题；第 415 页，1 题；第 635 页，1 题；第 636 页，1 题；第 637 页，3 题；第 711 页，1 题；第 811 页，1 题；第 821 页，1 题；第 822 页，2 题；第 823 页，1 题。共 16 题。

《算法统宗》

第 1241 页，1 题；第 1255 页，1 题；第 1279 页，1 题；第 1294 页，1 题；第 1299 页，1 题；第 1316 页，1 题；第 1317 页，4 题；第 1318 页，1 题；第 1351 页，1 题。共 12 题。

《数理精蕴》

第 248 页，1 题；第 283 页，1 题；第 339 页，1 题；第 1029 页，1 题；第 1063 页，1 题。共 5 题。

《同文算指》

第 123 页，1 题；第 127 页，1 题；第 147 页，1 题；第 149 页，1 题；第 176 页，1 题；第 199 页，1 题。共 6 题。

《方程论》

第 362 页，1 题；第 384 页，1 题；第 393 页，1 题。共 3 题。

《四元玉鉴细草》

第 290 页，1 题；第 350 页，1 题；第 351 页，3 题；第 352 页，2 题；

第 353 页，1 题；第 367 页，1 题；第 368 页，1 题；第 369 页，1 题。共 11 题。

（六）贸易经济数学类算题

《九章算术》

卷 1《方田》，第 4 页，2 题。

卷 2《粟米》，第 16 页，3 题；第 17 页，2 题；第 19 页，3 题；第 20 页，5 题；第 21 页，5 题；第 22 页，3 题。共 21 题。

卷 3《衰分》，第 28 页，3 题；第 29 页，2 题；第 30 页，2 题。共 7 题。

卷 6《均输》，第 61 页，1 题；第 62 页，1 题；第 63 页，1 题；第 64 页，1 题；第 67 页，1 题；第 70 页，1 题。共 6 题。

卷 7《盈不足》，第 73 页，4 题；第 74 页，1 题；第 75 页，2 题；第 76 页，1 题；第 77 页，1 题；第 78 页，1 题；第 79 页，1 题；第 81 页，1 题。共 12 题。

卷 8《方程》，第 88 页，2 题；第 89 页，2 题；第 92 页，2 题。共 6 题。

《孙子算经》

卷中，第 14 页，1 题；第 15 页，1 题。共 2 题。

卷下，第 17 页，1 题；第 18 页，1 题；第 19 页，3 题；第 20 页，2 题；第 21 页，1 题；第 22 页，1 题。共 9 题。

《张丘建算经》

卷上，第 12 页，1 题；第 13 页，1 题；第 14 页，1 题。共 3 题。

卷中，第 15 页，1 题；第 22 页，2 题；第 23 页，1 题。共 4 题。

卷下，第 30 页，1 题；第 32 页，1 题；第 33 页，1 题；第 34 页，1 题；第 35 页，1 题；第 36 页，1 题；第 38 页，1 题；第 42 页，1 题；第 43 页，2 题。共 10 题。

《五曹算经》

卷3《集曹》，第9页，2题；第10页，1题。共3题。

卷5《金曹》，第14页，3题；第15页，5题；第16页，1题。共9题。

《夏侯阳算经》

卷中，第16页，2题。共2题。

卷下，第20页，3题；第21页，3题；第22页，3题；第23页，3题；第24页，3题；第25页，1题；第26页，3题；第27页，1题。共20题。

《数书九章》

卷17，第624页，1题；第627页，1题；第635页，1题。共3题。

卷18，第636页，1题；第643页，1题；第644页，1题。共3题。

《杨辉算法》

第1050页，1题；第1052页，1题；第1053页，2题；第1054页，1题；第1055页，2题；第1056页，1题；第1057页，1题；第1060页，1题；第1061页，1题；第1062页，2题；第1063页，1题；第1064页，1题；第1065页，5题；第1066页，1题；第1067页，2题；第1068页，4题；第1069页，2题；第1070页，1题；第1071页，1题。共31题。

第1075页，2题；第1076页，1题；第1087页，1题。共4题。

第1105页，1题；第1106页，3题；第1107页，2题；第1108页，3题；第1110页，2题。共11题。

《算学启蒙》

卷上，第1130页，9题；第1131页，7题；第1132页，6题；第1133页，3题；第1134页，6题；第1135页，8题；第1136页，9题；第1137页，2题；第1138页，4题；第1139页，5题；第1141页，5题；第1143页，4题；第1144页，3题；第1145页，2题。共73题。

卷中，第1153页，1题；第1154页，3题；第1156页，1题；第1157页，1题；第1158页，2题；第1166页，2题；第1167页，3题；第1168页，3题。共16题。

卷下，第 1171 页，2 题；第 1174 页，3 题；第 1175 页，2 题；第 1177 页，2 题；第 1178 页，2 题；第 1179 页，1 题；第 1180 页，1 题。共 13 题。

《四元玉鉴》

卷上，第 1218 页，4 题；第 1219 页，4 题。共 8 题。

卷中，第 1239 页，1 题；第 1240 页，2 题。共 3 题。

卷下，第 1260 页，1 题；第 1261 页，1 题；第 1263 页，2 题；第 1264 页，2 题。共 6 题。

《透帘细草》

第 1283 页，1 题；第 1284 页，1 题；第 1289 页，1 题；第 1290 页，7 题；第 1291 页，3 题；第 1292 页，2 题；第 1294 页，3 题；第 1295 页，4 题；第 1296 页，2 题。共 24 题。

《丁巨算法》

第 1301 页，1 题；第 1302 页，1 题；第 1306 页，1 题；第 1308 页，4 题；第 1309 页，2 题；第 1310 页，5 题；第 1311 页，6 题；第 1312 页，3 题；第 1313 页，2 题；第 1314 页，2 题。共 27 题。

《算法全能集》

第 1319 页，4 题；第 1320 页，4 题；第 1321 页，4 题；第 1322 页，2 题；第 1323 页，5 题；第 1324 页，2 题；第 1325 页，3 题；第 1326 页，2 题；第 1327 页，4 题；第 1328 页，3 题；第 1329 页，1 题；第 1333 页，4 题；第 1334 页，5 题；第 1335 页，1 题；第 1336 页，4 题；第 1337 页，5 题。共 53 题。

《详明算法》

卷上，第 1354 页，5 题；第 1355 页，4 题；第 1356 页，3 题；第 1357 页，5 题；第 1358 页，1 题；第 1359 页，2 题；第 1360 页，1 题；第 1361 页，1 题；第 1363 页，1 题；第 1366 页，2 题；第 1367 页，1 题；第 1368 页，2 题；第 1369 页，3 题；第 1370 页，2 题。共 33 题。

卷下，第 1372 页，2 题；第 1373 页，1 题；第 1374 页，3 题；第 1375

页，2 题；第 1376 页，2 题；第 1377 页，1 题；第 1382 页，3 题；第 1383 页，2 题；第 1384 页，4 题；第 1385 页，1 题；第 1386 页，3 题；第 1387 页，5 题；第 1388 页，1 题。共 30 题。

《永乐大典算法》

第 1401 页，6 题；第 1402 页，2 题；第 1403 页，5 题；第 1404 页，2 题；第 1405 页，6 题；第 1408 页，1 题；第 1410 页，1 题；第 1412 页，3 题；第 1413 页，3 题。共 29 题。

《诸家算法及序记》

第 1437 页，1 题；第 1438 页，5 题；第 1439 页，14 题；第 1440 页，1 题；第 1442 页，2 题。共 23 题。

《九章算法比类大全》

第 17 页，7 题；第 18 页，2 题；第 20 页，1 题；第 22 页，2 题；第 23 页，1 题；第 25 页，1 题；第 26 页，6 题；第 28 页，2 题；第 29 页，3 题；第 30 页，3 题；第 31 页，3 题；第 32 页，2 题；第 33 页，1 题；第 34 页，1 题；第 43 页，4 题；第 44 页，4 题；第 45 页，7 题；第 48 页，3 题；第 49 页，1 题；第 59 页，3 题；第 76 页，5 题；第 90 页，4 题；第 91 页，6 题；第 92 页，4 题；第 93 页，4 题；第 94 页，5 题；第 95 页，5 题；第 96 页，2 题；第 97 页，7 题；第 98 页，4 题；第 99 页，4 题；第 100 页，6 题；第 101 页，5 题；第 102 页，5 题；第 103 页，3 题；第 104 页，5 题；第 105 页，3 题；第 106 页，2 题；第 107 页，3 题；第 108 页，4 题；第 109 页，3 题；第 110 页，1 题；第 112 页，2 题；第 113 页，3 题；第 114 页，2 题；第 115 页，4 题；第 116 页，4 题；第 117 页，2 题；第 118 页，4 题；第 119 页，4 题；第 120 页，4 题；第 121 页，4 题；第 122 页，6 题；第 123 页，5 题；第 124 页，4 题；第 125 页，5 题；第 128 页，5 题；第 129 页，3 题；第 131 页，4 题；第 132 页，3 题；第 133 页，1 题；第 134 页，1 题；第 138 页，1 题；第 141 页，2 题；第 142 页，3 题；第 143 页，1 题；第 144 页，2 题；第 145 页，1 题；第 146 页，1 题；第 147 页，

1 题；第 148 页，4 题；第 149 页，4 题；第 150 页，3 题；第 151 页，1 题；第 152 页，1 题；第 153 页，5 题；第 154 页，1 题；第 156 页，3 题；第 157 页，2 题；第 160 页，1 题；第 161 页，4 题；第 163 页，2 题；第 164 页，3 题；第 183 页，3 题；第 208 页，1 题；第 211 页，1 题；第 212 页，1 题；第 213 页，1 题；第 220 页，1 题；第 221 页，3 题；第 232 页，1 题；第 233 页，3 题；第 234 页，4 题；第 237 页，2 题；第 239 页，3 题；第 240 页，4 题；第 241 页，2 题；第 242 页，2 题；第 245 页，4 题；第 247 页，2 题；第 248 页，1 题；第 253 页，1 题；第 255 页，1 题；第 259 页，2 题；第 261 页，1 题；第 262 页，4 题；第 263 页，1 题；第 265 页，1 题；第 266 页，2 题；第 267 页，2 题；第 269 页，1 题。共 318 题。

《算学宝鉴》

第 363 页，2 题；第 364 页，1 题；第 366 页，1 题；第 367 页，2 题；第 369 页，1 题；第 370 页，1 题；第 373 页，3 题；第 375 页，1 题；第 376 页，1 题；第 377 页，2 题；第 379 页，2 题；第 381 页，1 题；第 382 页，1 题；第 384 页，2 题；第 385 页，2 题；第 387 页，3 题；第 388 页，3 题；第 389 页，1 题；第 391 页，3 题；第 392 页，2 题；第 394 页，1 题；第 395 页，1 题；第 396 页，1 题；第 397 页，1 题；第 398 页，1 题；第 399 页，2 题；第 400 页，2 题；第 401 页，1 题；第 402 页，2 题；第 403 页，3 题；第 404 页，2 题；第 405 页，2 题；第 406 页，1 题；第 407 页，2 题；第 408 页，2 题；第 409 页，2 题；第 410 页，2 题；第 412 页，1 题；第 413 页，3 题；第 415 页，1 题；第 416 页，2 题；第 419 页，1 题；第 420 页，2 题；第 422 页，1 题；第 423 页，1 题；第 424 页，1 题；第 430 页，1 题；第 431 页，1 题；第 433 页，1 题；第 482 页，5 题；第 483 页，3 题；第 484 页，2 题；第 485 页，4 题；第 486 页，2 题；第 487 页，1 题；第 494 页，1 题；第 500 页，2 题；第 507 页，2 题；第 510 页，1 题；第 511 页，1 题；第 515 页，2 题；第 516 页，2 题；第 517 页，1 题；第 518 页，1 题；第 520 页，1 题；第 521 页，2 题；第 522 页，2 题；第 524 页，

1题；第527页，1题；第529页，1题；第531页，2题；第532页，1题；第533页，1题；第534页，2题；第536页，1题；第537页，4题；第538页，3题；第539页，2题；第540页，1题；第541页，2题；第542页，1题；第661页，2题；第664页，2题；第665页，3题；第667页，1题；第669页，2题；第670页，1题；671页，1题；第673页，2题；第680页，1题；第681页，1题；第683页，2题；第684页，1题；第685页，1题；第686页，1题；第693页，1题；第695页，1题；第698页，2题；第700页，2题；第701页，2题；第703页，4题；第704页，2题；第705页，2题；第706页，1题；第711页，1题；第712页，2题；第713页，1题；第714页，1题；第717页，1题；第718页，1题；第719页，1题；第721页，1题；第724页，1题；第726页，2题；第733页，1题；第735页，1题；第736页，1题；第738页，1题；第739页，2题；第743页，1题；第913页，2题；第915页，1题。共197题。

《盘珠算法》

第1145页，4题；第1146页，1题；第1147页，2题；第1154页，2题。共9题。

《数学通轨》

第1183页，8题；第1184页，5题；第1186页，2题；第1187页，1题；第1195页，2题；第1199页，3题；第1203页，1题；第1205页，2题。共24题。

《算法统宗》

第1238页，1题；第1239页，2题；第1240页，3题；第1242页，2题；第1243页，1题；第1244页，3题；第1245页，2题；第1246页，2题；第1247页，1题；第1248页，2题；第1249页，1题；第1250页，2题；第1251页，2题；第1252页，3题；第1253页，2题；第1254页，3题；第1256页，1题；第1257页，1题；第1258页，5题；第1259页，3题；第1260页，2题；第1261页，2题；第1262页，5题；第1263页，1

题；第 1286 页，6 题；第 1287 页，6 题；第 1288 页，4 题；第 1289 页，1 题；第 1290 页，6 题；第 1291 页，6 题；第 1292 页，2 题；第 1293 页，3 题；第 1297 页，3 题；第 1299 页，1 题；第 1301 页，3 题；第 1302 页，1 题；第 1303 页，3 题；第 1304 页，3 题；第 1305 页，2 题；第 1306 页，1 题；第 1307 页，1 题；第 1347 页，2 题；第 1348 页，1 题；第 1349 页，5 题；第 1354 页，1 题；第 1355 页，1 题；第 1358 页，2 题；第 1359 页，1 题；第 1360 页，2 题；第 1361 页，1 题；第 1362 页，2 题；第 1363 页，1 题；第 1364 页，1 题；第 1407 页，2 题；第 1408 页，2 题；第 1410 页，2 题；第 1411 页，3 题；第 1417 页，1 题；第 1418 页，1 题。共 135 题。

《算法指南》

第 1431 页，4 题；第 1432 页，4 题；第 1433 页，4 题；第 1434 页，4 题；第 1435 页，1 题；第 1436 页，1 题；第 1438 页，2 题；第 1439 页，5 题；第 1440 页，4 题；第 1441 页，3 题；第 1442 页，1 题；第 1443 页，1 题；第 1450 页，5 题。共 39 题。

《数理精蕴》

第 201 页，1 题；第 202 页，1 题；第 204 页，1 题；第 205 页，1 题；第 206 页，1 题；第 207 页，1 题；第 208 页，1 题；第 229 页，2 题；第 231 页，1 题；第 235 页，1 题；第 237 页，1 题；第 245 页，1 题；第 246 页，3 题；第 247 页，1 题；第 253 页，1 题；第 260 页，2 题；第 263 页，1 题；第 267 页，1 题；第 268 页，1 题；第 271 页，1 题；第 273 页，1 题；第 277 页，1 题；第 279 页，1 题；第 281 页，1 题；第 291 页，1 题；第 295 页，3 题；第 296 页，2 题；第 297 页，1 题；第 298 页，2 题；第 299 页，1 题；第 300 页，3 题；第 301 页，1 题；第 304 页，1 题；第 307 页，1 题；第 308 页，1 题；第 309 页，1 题；第 310 页，1 题；第 313 页，2 题；第 314 页，1 题；第 315 页，2 题；第 319 页，1 题；第 327 页，1 题；第 341 页，1 题；第 353 页，2 题；第 370 页，1 题；第 392 页，1 题；第 397 页，1 题；第 398 页，1 题；第 401 页，1 题；第 405 页，1 题；第 407 页，

1 题；第 409 页，1 题；第 416 页，1 题；第 417 页，1 题；第 422 页，1 题；第 425 页，1 题；第 441 页，1 题；第 455 页，1 题；第 1016 页，1 题；第 1021 页，2 题；第 1022 页，1 题；第 1025 页，1 题；第 1027 页，1 题；第 1030 页，1 题；第 1031 页，1 题；第 1032 页，1 题；第 1033 页，1 题；第 1034 页，1 题；第 1037 页，2 题；第 1039 页，1 题；第 1041 页，1 题；第 1046 页，1 题；第 1048 页，1 题；第 1053 页，2 题；第 1054 页，1 题；第 1069 页，1 题；第 1071 页，1 题；第 1093 页，1 题；第 1112 页，1 题；第 1113 页，1 题；第 1118 页，1 题；第 1121 页，1 题；第 1123 页，1 题；第 1187 页，1 题；第 1227 页，2 题；第 1229 页，1 题。共 103 题。

《同文算指》

第 117 页，4 题；第 118 页，2 题；第 119 页，3 题；第 121 页，2 题；第 122 页，3 题；第 124 页，1 题；第 125 页，3 题；第 126 页，2 题；第 130 页，2 题；第 131 页，4 题；第 133 页，2 题；第 135 页，2 题；第 137 页，1 题；第 146 页，3 题；第 147 页，2 题；第 149 页，1 题；第 151 页，1 题；第 152 页，1 题；第 153 页，1 题；第 157 页，1 题；第 158 页，3 题；第 160 页，2 题；第 167 页，1 题；第 171 页，2 题；第 173 页，1 题；第 176 页，1 题；第 178 页，1 题；第 179 页，1 题；第 181 页，1 题；第 183 页，1 题；第 186 页，1 题；第 187 页，2 题；第 188 页，1 题；第 189 页，1 题；第 192 页，1 题；第 193 页，1 题；第 194 页，1 题；第 201 页，1 题。共 64 题。

《欧逻巴西镜录》

第 282 页，1 题；第 283 页，1 题；第 285 页，2 题；第 298 页，2 题；第 299 页，2 题；第 300 页，3 题；第 301 页，4 题。共 15 题。

《方程论》

第 330 页，1 题；第 360 页，1 题；第 370 页，1 题；第 372 页，1 题；第 387 页，1 题；第 388 页，1 题；第 389 页，1 题；第 398 页，2 题；第 399 页，1 题；第 400 页，3 题；第 401 页，1 题。共 14 题。

《九章算术细草图说》

第954页，1题；第988页，5题；第990页，5题；第995页，3题；第1000页，1题；（赔偿）第1008页，1题；第1009页，1题；第1010页，3题；第1011页，1题；1014页，1题；第1015页，1题；第1095页，1题；第1097页，1题；第1119页，3题；第1124页，2题；第1126页，2题；第1130页，1题；第1131页，1题；第1134页，1题；第1139页，1题；第1156页，2题；第1159页，1题；第1166页，1题；第1167页，1题。共41题。

《艺游录》

第144页，4题；第145页，4题；第146页，1题；第177页，3题；第179页，1题；第180页，3题；第181页，1题；第182页，3题；第184页，1题；第186页，1题。共22题。

《四元玉鉴细草》

第257页，1题；第258页，2题；第259页，2题；第260页，2题；第261页，1题；第339页，1题；第341页，1题；第345页，1题；第346页，1题；第355页，2题；第394页，1题；第397页，1题；第398页，1题；第404页，1题；第406页，1题。共19题。

（七）手工业经济数学类算题

《九章算术》

卷3《衰分》，第25页，1题；第29页，3题。共4题。

卷6《均输》，第63页，1题。

卷7《盈不足》，第76页，1题。

卷9《句股》，第95页，1题；第97页，1题。共2题。

《孙子算经》

卷中，第 12 页，2 题；第 16 页，2 题。共 4 题。

《张丘建算经》

卷上，第 10 页，1 题；第 11 页，2 题；第 12 页，1 题。共 4 题。

卷中，第 21 页，1 题。

卷下，第 32 页，1 题；第 41 页，1 题。共 2 题。

《夏侯阳算经》

卷中，第 18 页，4 题。

卷下，第 23 页，1 题；第 24 页，2 题；第 25 页，1 题；第 26 页，3 题；第 27 页，2 题。共 9 题。

《数书九章》

卷 16，第 620 页，1 题。

《杨辉算法》

第 1057 页，1 题；第 1058 页，2 题；第 1059 页，2 题；第 1060 页，1 题；第 1063 页，2 题；第 1068 页，1 题；第 1070 页，1 题。共 10 题。

《算学启蒙》

卷上，第 1132 页，1 题；第 1133 页，3 题；第 1137 页，3 题；第 1138 页，3 题；第 1140 页，2 题；第 1144 页，1 题。共 13 题。

卷中，第 1152 页，3 题；第 1153 页，2 题；第 1155 页，1 题。共 6 题。

卷下，第 1170 页，1 题；第 1179 页，1 题。共 2 题。

《四元玉鉴》

卷上，第 1218 页，1 题。

卷中，第 1239 页，1 题。

卷下，第 1260 页，1 题；第 1264 页，2 题；第 1265 页，1 题。共 4 题。

《透帘细草》

第 1293 页，2 题；第 1296 页，1 题。共 3 题。

《丁巨算法》

第 1306 页，1 题；第 1312 页，1 题；第 1313 页，1 题。共 3 题。

《算法全能集》

第 1323 页，1 题；第 1324 页，1 题；第 1335 页，2 题。共 4 题。

《详明算法》

卷上，第 1367 页，1 题；第 1370 页，1 题。共 2 题。

《永乐大典算法》

第 1401 页，2 题。

《诸家算法及序记》

第 1442 页，3 题。

《九章算法比类大全》

第 73 页，1 题；第 96 页，4 题；第 101 页，2 题；第 113 页，2 题；第 117 页，1 题；第 120 页，1 题；第 129 页，1 题；第 130 页，1 题；第 135 页，1 题；第 149 页，1 题；第 150 页，3 题；第 151 页，2 题；第 155 页，1 题；第 156 页，1 题；第 159 页，1 题；第 213 页，1 题；第 219 页，3 题；第 223 页，1 题；第 231 页，1 题；第 237 页，1 题；第 238 页，1 题；第 271 页，1 题；第 285 页，1 题；第 287 页，1 题。共 34 题。

《算学宝鉴》

第 377 页，2 题；第 378 页，1 题；第 389 页，1 题；第 399 页，1 题；第 413 页，1 题；第 428 页，1 题；第 491 页，1 题；第 680 页，1 题；第 684 页，2 题；第 685 页，1 题；第 711 页，1 题。共 13 题。

《算法统宗》

第 1262 页，1 题；第 1287 页，1 题；第 1289 页，2 题；第 1297 页，2 题；第 1343 页，1 题；第 1353 页，2 题；第 1369 页，2 题。共 11 题。

《算法指南》

第 1438 页，1 题；第 1441 页，1 题。共 2 题。

《数理精蕴》

第 201 页，1 题；第 257 页，1 题；第 267 页，1 题；第 275 页，1 题；第 276 页，1 题；第 305 页，1 题；第 351 页，1 题。共 7 题。

《同文算指》

第 139 页，1 题；第 158 页，1 题；第 161 页，1 题；第 200 页，1 题。共 4 题。

《方程论》

第 397 页，1 题。

《九章算术细草图说》

第 1001 页，1 题；第 1011 页，1 题；第 1012 页，1 题；第 1100 页，1 题；第 1177 页，1 题；第 1180 页，1 题。共 6 题。

《艺游录》

第 145 页，1 题。

《四元玉鉴细草》

第 393 页，1 题。

附录表 1-1　中国经济数学要籍解题汇总表

数学要籍目录		农业经济数学	手工业经济数学	工程经济数学	财政经济数学	金融经济数学	贸易经济数学	军事经济数学	备注
数学卷（一）									
《算经十书》（一）	《九章算术》卷 1《方田》	24					2		
	《九章算术》卷 2《粟米》	25					21		
	《九章算术》卷 3《衰分》	4	4		5		7		第 25 页，第 1 题农业经济赔偿问题
	《九章算术》卷 4《少广》	11							
	《九章算术》卷 5《商功》			31					
	《九章算术》卷 6《均输》	1	1		7		6	1	

续表

数学要籍目录		农业经济数学	手工业经济数学	工程经济数学	财政经济数学	金融经济数学	贸易经济数学	军事经济数学	备注
《算经十书》（一）	《九章算术》卷7《盈不足》		1				12		
	《九章算术》卷8《方程》	9		1			6		
	《九章算术》卷9《句股》		2	7					
	合计	74	8	39	12	0	54	1	
《算经十书》（二）	《海岛算经》			2					
	《孙子算经》卷中	10	4	3			2		
	《孙子算经》卷下	8				1	9	2	
	合计	18	4	3		1	11	2	
	《张丘建算经》卷上	1	4	2	2		3	4	
	《张丘建算经》卷中	4	1	5	1		4		
	《张丘建算经》卷下	10	2	1		1	10	1	
	合计	15	7	8	3	1	17	5	
	《五曹算经》卷1《田曹》	19							
	《五曹算经》卷2《兵曹》							12	
	《五曹算经》卷3《集曹》	6					3		
	《五曹算经》卷4《仓曹》	9			2				
	《五曹算经》卷5《金曹》						9		
	合计	34			2		12	12	
	《缉古算经》	7		5	1				
	《夏侯阳算经》卷上	9							
	《夏侯阳算经》卷中	1	4		13		2	8	
	《夏侯阳算经》卷下		9	1	6	2	20	2	
	合计	10	13	1	19	2	22	10	
《数书九章》	卷1	1		1	1				
	卷2			1				1	

续表

数学要籍目录		农业经济数学	手工业经济数学	工程经济数学	财政经济数学	金融经济数学	贸易经济数学	军事经济数学	备注
《数书九章》	卷 5	5							
	卷 6	2							
	卷 8			1				2	
	卷 9				1				
	卷 10	1			6				
	卷 11				2				
	卷 12	3			1				
	卷 13			4					
	卷 14			2					
	卷 15							3	
	卷 16		1					5	
	卷 17				1		3		
	卷 18				1	1	3		
	合计	12	1	9	13	1	6	11	
《测圆海镜》	卷 2			14					
	卷 3			11					
	卷 4			11					
	卷 5			19					
	卷 6			19					
	卷 7			18					
	卷 8			4					
	卷 9（上）			5					
	卷 11			6					
	卷 12			6					
	合计			113					
《益古演段》	卷上	22							
	卷中	19							
	卷下	22							
	合计	63							
《杨辉算法》	《乘法通变本末》	20	10	1	9	7	31		
	《田亩比类乘除捷法》	41				2	4	5	

续表

数学要籍目录		农业经济数学	手工业经济数学	工程经济数学	财政经济数学	金融经济数学	贸易经济数学	军事经济数学	备注
《杨辉算法》	《续古摘奇算法》	11		2		2	11		
	合计	72	10	3	9	11	46	5	
《算学启蒙》		47	21	12	12	3	102	7	
《透帘细草》			3	3	2	2	24	6	
《丁巨算法》		1	3		11	7	27	3	
《四元玉鉴》		79	6	7			17	11	
《算法全能集》		32	4	9	10	2	53	2	
《详明算法》		22	2	9	12	5	63	2	
《永乐大典算法》		9	2		6	1	29	4	
《诸家算法及序记》			3		4	4	23		
数学卷（二）									
《九章算法比类大全》		243	34	42	54	35	318	19	第126页、157页，赔偿问题
《算学宝鉴》		330	13	24	52	22	197	16	
《勾股算术》		13		3					
《弧矢算术》		2							
《盘珠算法》		16			1		9		
《数学通轨》		15			3		24		第1203页，赔偿问题
《算法统宗》		115	11	14	23	9	135	12	
《算法指南》		32	2		2		39		
数学卷（三）									
《数理精蕴》		25	7	1	27	3	103	5	
数学卷（四）									
《同文算指》		16	4	9	14	6	64	6	
《欧逻巴西镜录》						3	15		
《方程论》		6	1	1	9	3	14	3	
《九章算术细草图说》		68	6	5	11		41		
《缉古算经考注》		6		5					
数学卷（五）									
《艺游录》		3	1	9		1	22		
《四元玉鉴细草》		18	1	9	1		19	11	
《求一术通解》				2					